IQ·EQ 박사 현용수의 쉐마교육 시리즈 ⑯

한국형
주일가정식탁예배
예 식 서

현용수 지음

교회교육의 성경적 대안

쉐마교육연구원
SHEMA EDUCATION INSTITUTE

IQ·EQ 박사 현용수의 유대인의 자녀교육
《IQ는 아버지 EQ는 어머니 몫이다》 총서㉝ : 쉐마교육 시리즈 16

한국형
주일가정식탁예배 예식서

초판	1쇄 2013년 10월 21일
	2쇄 2016년 7월 7일
지은이	현용수
펴낸이	현용수
펴낸곳	도서출판 쉐마
등록	2004년 10월 27일
	제315-2006-000033호
주소	서울시 강서구 공항대로71길 54
	(염창동, 태진한솔아파트 상가동 3층)
전화	(02) 3662-6567
팩스	(02) 2659-6567
이메일	shemaiqeq@naver.com
홈페이지	http://www.shemaIQEQ.org
총판	한국출판협동조합(일반)
	생명의 말씀사(기독교)

Copyright ⓒ 현용수(Yong Soo Hyun), 2013
본서에 실린 자료는 저자의 서면 허가 없이 복제를 금합니다.
Duplication of any forms can't be published without written permission.

ISBN 978-89-91663-60-2
값 16,000원

돌샘 **쉐 마**는 무너진 교육을 세우기 위한 대안으로
인성교육과 쉐마교육의 원리와 실제를 연구하여 보급합니다.

Biblical Jewish Shema Educational Theology Series 16

The Lord's Day
A Korean Family Table Service Manual

By
Dr. Yong Soo Hyun (Ph.D.)

Presenting
Modern Education Problems
and It's Solution

2013

Shema Books
Seoul, Korea

유대인은 어떻게 4천년 동안 인성교육, 말씀 전수, IQ·EQ교육에도 성공했는가?

온 가족이 아내와 어머니를 위한 노래를 부르고(상), 아버지가 자녀들에게 축복기도 해주는 김치남 목사 가정(우)

자녀들에게 불쌍한 이웃을 돕는 구제 헌금 박스(쩨다카 박스)에 헌금을 넣게 가르치는 임무(EQ교육)는 어머니 몫이다(권창규 목사 가정)

가정의 어두움은 어머니가 밝힌다. 어머니는 딸들을 데리고 촛불을 켜고, 가정과 교회와 민족의 평화와 번영을 위하여 기도한다. 백승철 목사 가정(우)과 권창규 목사 가정(하)의 모녀들

빵은 제물을 상징한다. 제물을 만지기 위해서는 먼저 손을 씻어야 한다. 박금주 목사의 딸이 빵을 만지기 전에 손을 씻는 모습(좌)과 정주헌 목사가 어린 딸의 손을 씻어주는 모습(우). 이 때 손만 씻는 것이 아니라 마음에 지은 죄까지 회개하며 씻어낸다

김치남 목사는 유대인처럼 자녀교육을 위해 거실에 있는 TV를 치우고 서재로 만들었다. 현용수 교수가 쓴 책들을 자녀들에게 읽히기 위해 다른 책들은 대부분 치웠다. 초창기 저자가 김 치남 목사 가정에서 주일가정식 탁예배를 지도하는 모습

가정의 가장이 애찬식을 위해 예수님의 보혈을 기억하며 가족과 포도주잔을 나누는 모습(박금주 목사 가정)

부모는 하나님을 대신하여 구약의 지상명령(대를 이어 말씀전수)을 실천하는 이들이다. 아버지는 말씀 맡은자로서 자녀에게 하늘의 떡(말씀)과 육신의 떡을 공급하시는 하나님을 상징한다. 어머니는 이 일을 돕는 배필이다. 그래서 어머니는 힘이 들어도 기쁨으로 안식일 절기 식탁을 정성스럽게 준비한다. 자녀는 여기에서 하나님께서 주신 아버지와 어머니의 권위를 배우고 기쁨으로 순종한다.

아버지는 가정에서 말씀을 맡은자로 자녀에게 말씀을 가르쳐야 한다. 사진은 백승철 목사(아버지)가 자녀들에게 성경을 탈무딕 디베이트식(IQ계발 방법)으로 가르치는 모습.

이 때 온 가족이 성경을 읽고 아버지가 자녀들에게 본문에 관해 질문하면, 자녀들이 서로 대답하게 해야 한다. 그리고 자녀들은 아버지에게 물을 질문들을 스스로 만들게 한다. 부모가 만들어 주면 자녀들의 창조력을 키우지 못하게 하는 것이다. 이 때 자녀들의 IQ는 놀랍게 계발된다.

주일절기식탁예배를 통하여 이웃 가족 3대를 전도할 수 있다. 사진은 백승철 목사 가정에서 김종주 장로 가정을 초청하여 절기 식사를 나누며 주일절기식탁예배를 체험케 하는 모습

식탁예배가 끝나면, 한국식으로 방바닥에 무릎을 꿇고 통성기도를 한다. 통성기도 후에는 각 식구들을 위하여 중보기도를 해준다(좌). 모든 순서가 끝나면 잠자리에 들기 전 자녀들이 부모에게 큰 절을 하게 한다(하).

차 례

칼라 화보 · 4

서평
- '밥상머리' 교육의 놀라운 효과에 소망을 건다 · 17
  - 김의원 박사 (전 총신대 총장, 구약학)
- 가정 해체의 세계적 위기를 극복하는 선구적 필독 지침서 · 23
  - 김진섭 박사 (쉐마교육학회 회장, 백석대, 구약학)
- 본 예식서는 한국교회와 모든 가정에 한 줄기 빛이다 · 27
  - 안병만 박사 (고신대원 실천신학)
- 한국교회와 가정의 근본 문제 해결을 위한 실천 지침서 · 31
  - 김경원 목사 (한국기독교목회자협의회 대표회장)
- 한국교회의 미래를 여는 계기다 · 35
  - 주준태 목사 (고신교단 총회장)

저자 서문: 유대인을 모델로 한 한국형 ≪주일가정식탁예배 예식서≫를 펴내며 · 37

IQ-EQ 총서를 발간하며: 무너진 교육의 혁명적 대안을 찾아서 · 50

제1부
기존 가정예배의 한계와 유대식을 모델로 한 한국형 주일가정식탁예배의 필요성

I. 문제 제기: 한국식 가정 예배, 왜 실천하기 힘든가
  1. 세대차이가 있는 한국식 가정예배의 한계 · 60
  2. 한국식 가정예배의 뿌리 · 63
  3. 한국식 가정예배와 유대인식 안식일 가정식탁예배, 어느 것이 더 성경적인가 · 66

II. 현대에 한국식 가정예배가 더 힘든 이유 · 69

III. 가정예배는 공동체 교회 예배보다 덜 중요한가
  1. 가정 성전의 기원이 공동체 성전의 기원보다 650년 앞선다 · 71
  2. 왜 가정 성전에도 공동체 성전처럼 제사장이 필요한가 · 76
  3. 가정예배에 아버지가 분잔과 분병할 수 있는 두 가지 이유 · 78
    (가정예배의 분잔과 분병은 교회의 성찬식과 기원과 목적이 다르다)

4. 가정예배의 자료가 빈곤한 이유 · 84
　　5. 가정예배에 내용과 형식이 필요한 이유 · 87
　　6. 요약 및 결론:
　　　　A. 잃어버린 성경적 주일가정식탁예배의 내용과 형식을 되찾자 · 90
　　　　B. 왜 하나님은 공동체 성전 이전에 가정 성전을 주셨나 · 93

IV. 유대인식 안식일 가정식탁예배의 특징
　　1. 하나님이 유대인에게 예배의 형식을 만들게 하셨다 · 97
　　2. 교육의 내용도 탁월하지만 형식도 탁월하다 · 100

V. 유대인식 안식일 절기를 한국형 기독교식으로 바꾸는 이유 · 104

VI. 결론
　　1. 요약 및 결론 · 109
　　2. 백승철 목사 가정의 한국형 주일가정식탁예배가 모범이 되는 이유 · 112
　　3. 앞으로의 비전
　　　　A. 한국형 주일가정식탁예배에 대한 비전 · 115
　　　　B. 다른 절기 예식서들도 만들어 코리안 디아스포라에 전해야 한다 · 117

제2부
한국형 주일가정식탁예배 예식서

들어가며
　　1. 세대차이가 있는 한국식 가정예배의 한계 · 122

제1장
한국형 주일가정식탁예배 준비

1. 절기 음식 준비 · 126
2. 온 가족 집안 청소·목욕·한복 입기 · 127

3. 헌금(쩨다카) · 127

4. 촛불 점화와 어머니의 기도 · 128

5. 주일의 신부를 맞이하라 · 131

6. 가장의 축복기도 · 132

    A. 아버지는 제사장의 축복기도를 음송 · 133

    B. 아내를 위한 축복기도 · 133

    C. 아들을 위한 축복기도 · 134

    D. 딸을 위한 축복기도 · 135

7. 아내와 어머니를 위한 노래 · 137

8. 정결예식(경건하게, 회개와 화해) · 139

제2장
한국형 주일가정식탁예배 순서

1. 묵도: 시편 128편(경건하게) · 144

2. 신앙고백(사도신경) · 144

3. 쉐마3대찬양(다같이) · 145

4. 분잔과 분병 예식 · 146

    A. 분잔 예식 · 147

    B. 분병 예식 · 148

5. 식사 및 탈무딕 디베이트식 성경 공부 · 150

6. 찬양(쉐마 아버지 노래와 쉐마 효도 찬양) · 152

7. 합심기도회 · 153

8. 폐회: 주기도문 · 154

** 폐회 후: 잠자리 들기 전 쉐마 한국 예절 가르치기 · 155

나가며 · 157

부 록

부록 1 한국형 주일가정식탁예배 실천자들의 증언!
- ■ 잃어버린 지상명령 쉐마는 제2의 종교개혁 · 161
  - 김치남 목사(캐나다 예수촌교회)
- ■ 내 가정의 쉐마가정예배 임상리포트 · 165
  - 박금주 목사(온세대큰빛교회)
- ■ 미국 유학길에서 만난 쉐마가 인생의 진로를 바꾸었다 · 171
  - 이영란 사모(박금주 목사 아내)
- ■ 쉐마는 우리 가정의 홈스쿨에 근본적인 뿌리를 바꾸어 놓았습니다 · 174
  - 전실경 사모(권창규 목사 아내)
- ■ 식탁에서 가족끼리 2시간 이상 격렬한 성경 토론에 놀랍니다 · 178
  - 권지우 학생(권창규 목사 장녀)
- ■ 가정과 교회에서 쉐마교육목회 실천 임상 보고서 · 181
  - 백승철 목사(새빛충신교회)
- ■ IQ에서 EQ여인으로 변했더니 가정과 교회가 천국이 되었습니다 · 194
  - 이미경 사모(백승철 목사 아내)

부록 2 쉐마 국악 찬양 · 203

부록 3 쉐마 십계명 · 213

참고자료 · 224

한국형 주일가정식탁예배의 간단한 순서지는 별책 부록 참조

깊이 생각해 봅시다

유대인은 역사적으로 다음 네 가지를 성취했다

1. 유대인은 어떻게 아브라함 때부터 현재까지 4000년 동안 자손 대대로 하나님의 말씀을 전수하는 데 성공했는가?
2. 유대인은 어떻게 전 세계를 유랑하면서도 자신들이 거주하는 지역의 이방문화에 동화되지 않고, 자녀들에게 성결교육을 시키는 데 성공했는가?
3. 이스라엘의 인구는 약 700만 명인데도 어떻게 13억의 아랍권을 이길만한 국가 경쟁력이 있는가?
4. 유대인은 어떻게 노벨상 32%를 받을 만큼 IQ교육에도 성공했는가?

유대인의 성공과 생존 비밀은 무엇인가? 누가, 어디에서, 왜, 무엇을, 언제, 어떻게 교육을 시키는가? 가장 근원적이고 종합적인 교육의 모형은 '안식일가정식탁예배'이다.

Los Angeles Times

SATURDAY, JULY 13, 2002 — Religion

'We have to learn the secrets of the Jews.'
The Rev. Yong-Soo Hyun

The Rev. Yong-Soo Hyun, left, who has immersed himself in the study of Orthodox Judaism, meets with Rabbi Yitzchok Adlerstein at a Shabbat meal.

Taking a Cue From Jews' Survival

Culture: Minister studies Orthodox Judaism to teach Korean Americans how to educate children, help churches thrive.

By TERESA WATANABE
TIMES STAFF WRITER

The Rev. Yong-Soo Hyun says God called him to abandon a well-paying engineering career 20 years ago in favor of Christian ministry.

So what is he doing shepherding a group of Korean visitors around Southern California to attend a Shabbat dinner, an Orthodox Jewish temple and a lecture by a Jewish rabbi on how to keep children holy?

Hyun, 53, may be the biggest booster of traditional Jewish education in all Korean America.

It is, he tells you, the antidote to the loss of cultural identity and religious grounding he sees in successive generations of Koreans here.

So the minister now writes books, conducts tours and has even opened the Shema Education Institute to teach Koreans the Jewish "secrets of survival."

"For Korean churches to survive in America, we have to successfully pass down the word of God from generation to generation, just as Jews have done since the time of Moses," said Hyun, a short, dynamic man with an easy grin. "We have to learn the secrets of the Jews."

Hyun, who immigrated to the United States in 1975 at age 28, says he sees several parallels between Korea and Israel.

Both, he says, are small nations surrounded by large and sometimes menacing neighbors.

Both, he says, prospered when their people honored God and became imperiled when they did not. The Israeli captivity in Babylonia, he says, mirrors the Korean colonization by Japan.

His fascination with traditional Judaism was sparked 12 years ago, when he was a doctoral student at Biola University. He was studying the philosophy of Christian education and wrote a term paper comparing secular education with traditional Jewish education.

What struck him, he says, was the way Jewish education seemed to produce children who were intellectually excellent, honed through hours of Torah training and Socratic-style questioning, as well as religiously pious and morally grounded.

Traditional Jews also seemed to keep family ties strong, with fewer generation gaps than he says he found in his own community, and low divorce rates.

Persistence Pays Off

Trying to learn more about Jewish religious education, however, wasn't easy. He called the Orthodox Yeshiva University in Los Angeles but says he was told it was not open to non-Jews. He called again and was told the same thing. The third time, he said he began to argue with the rabbi on the other end:

"Why do you want to hide? God gave the Torah not just for you but also to shine for all nations. If you teach me the secrets of survival, how to keep your children holy, I will teach you to the Koreans. This will be good for you and good for God!" Hyun said he told the rabbi.

There was a pause. Then the rabbi gave him the name and number of Rabbi Yitzchok Adlerstein, a professor of Jewish law at Loyola University and prominent member of the Orthodox community known for reaching out to non-Jews.

Hyun called Adlerstein, who immediately invited him to his home for Shabbat dinner. Even better, Hyun said, Adlerstein agreed to guide his research into Jewish education.

"He allowed me to attend his Talmudic teachings," Hyun said. "He invited me to all of the ritual meals—the Passover Seder, Sukkot, Rosh Hashana. I asked so many questions and he answered them all."

The Shabbat meal, in particular, left a lasting impression, Hyun says. He was moved by the way the family sang a ritual song of praise to Adlerstein's wife—a contrast, he says, with an old Korean saying that the "three dumb things" a man must not do are praise his wife, his children or himself. He was touched by the way Adlerstein blessed each of his children.

And he was impressed at the way Adlerstein taught his children the Torah, quizzing them on passages, never spoon-feeding answers but asking more questions to stimulate their critical thinking skills and creative intellects.

For his part, Adlerstein said he initially thought the idea of a Korean Christian minister wanting to learn about Orthodox Judaism seemed "a little odd."

Although traditional Jews don't believe Judaism was meant for the world—they do not proselytize and often discourage would-be converts—Adlerstein was willing to guide Hyun.

"Our attitude generally as a community is that when you're enthusiastic about God and his teachings, you have a gift that you want to share with any well-intentioned person," he said.

Armed with his experiences, Hyun was ready to try the techniques on his four sons at home. He announced that, like Adlerstein, he would no longer allow them to watch TV. Instead, three evenings a week he would teach them the Bible.

The reaction? "They rejected it all," Hyun said, laughing.

After too many nights of arguments, Hyun got them interested in Bible studies by asking them to take turns preaching. But more than the intellectual training, Hyun said, it was his ministry of Jewish expressions of family love that seemed to bring the most dramatic results.

Praise for His Wife

For the first time, Hyun says, he began praising his wife as he had seen his mentor do. He took her to Malibu at night, and strolled around the waterfront. He began washing the dishes and taking his wife on his travels. Before, he said, their marriage was characterized by "no romance—just orders" to her from him.

For the first time, he gathered his sons around to bless them. He asked God to bless them with wisdom, prosperity, leadership and the light of the gospel. "I cried, and they cried," he said.

From then on, he says, his family life dramatically improved. "Judaism showed me patience and how to lead children by wisdom and not authoritarianism. Now our family friendship has recovered."

Eager to share his experiences with other Koreans, Hyun has written a book on Jewish religious education that has sold more than 120,000 copies.

Hyun writes that Jewish fathers develop a child's IQ through Talmudic teachings, while mothers nurture their "EQ," or emotional quotient, with their maternal love—a thesis Adlerstein himself rejects in favor of viewing both parents as responsible for nurturing both aspects.

Experiencing Judaism

Hyun also figures he's reached 300,000 other Koreans in lectures on Jewish education at various seminars and conferences around the world.

And he says he has brought at least 150 people to Los Angeles to experience traditional Judaism firsthand in visits to synagogues and Friday night Shabbat dinners.

During one recent tour, Hyun led a group into the Beth Jacob congregation on Olympic Boulevard, wearing a traditional Korean jacket and a Jewish yarmulke.

After Sabbath prayers, Rabbi Shimon Kraft fielded a stream of lively questions: Why do you wear a head covering? Why do you wear a beard? Why kiss the door? Why do men shake when they pray? Why do you have two pulpits? Do you evangelize?

Finally, someone asked: "We've learned about Jews, but what do you think about Koreans?"

Kraft gave the crowd a broad smile.

"They are bright, hard-working, studious—just like Jewish people," he said. "We seem to share a lot of the same values."

Judaism by Example

Koreans study Jewish family values, traditions and history as secrets to longevity.

by JULIE GRUENBAUM FAX, Senior Writer

Thirty-five Korean ministers and professors visited the Los Angeles Jewish community last week, sitting in on high school Torah classes, attending morning prayers, joining a Shabbat meal and studying Jewish texts with local rabbis.

All devout Christians, these students of Judaism hailed not only from South Korea, but also from Korean communities in Russia, China, South America, Canada and across the United States.

They were not interested in converting to Judaism or in proselytizing Jews, but rather were here to learn the secret to Judaism's survival.

"Jews successfully conveyed the Torah, the traditions, the history — especially the history of suffering — and the family values based on Torah for 3,000 years with no generation gaps," said the group's leader, Yongsoo Hyun. "The Christian people lost the value of how to raise children who are holy. We are recovering that history to spread it all over the world."

Hyun, 62, a Presbyterian minister and professor who moved to the United States in 1975, has spent the last 18 years studying the Jewish community and spreading his Jewish gospel from his Mar Vista-based Shema Education Institute.

This is the ninth annual tour of Los Angeles Hyun has led, the culminating event of a three-semester course attended by 400 students each year at locations around the world. Hyun says 3,000 Koreans have graduated his class, paying $350 a semester, and he believes about 3 million people have been affected by his teachings through seminars led by his disciples or by reading one of his 22 books on Judaism, which have sold hundreds of thousands of copies in South Korea.

Hyun focuses on family, jumping off the biblical idea of keeping three generations together — as in Abraham, Isaac and Jacob, or the Torah's refrain of "you and your children and your children's children."

But some Jews might not recognize the Judaism Hyun teaches. He speaks of a Judaism with intact families and no faulty transmission lines between parent and child. He speaks of Jewish Nobel laureates gaining their wisdom through Jewish studies, though most did not have a Jewish education.

Yongsoo Hyun

His understanding of Judaism derives almost exclusively from observance of Orthodox families and studying with traditional rabbis. He believes the father is primarily responsible for transmitting texts and traditions to children, with the mother being responsible for the family's emotional well-being and helping the father.

"I don't get high grades in modern feminist literature, but I don't think this division of labor is clear cut. Both parents contribute appreciably to both the intellectual and the emotional training of their children," said Rabbi Yitzchok Adlerstein, who has been Hyun's mentor. "It is partially Dr. Hyun's reaction coming from a very man-centered society, where these divisions of labor still exist, and he thinks he spots them in traditional Judaism, but I don't see them in my home or in my community."

Adlerstein, a professor of Jewish law and ethics at Loyola Law School, said Hyun is as loyal a friend as the Jewish community and Israel will find, as well as a personal friend. Hyun pursues Jewish knowledge assiduously, and he knows more about Jewish texts and traditions than most Jews.

The visitors to Los Angeles, many of whom brought their families, toured the Museum of Tolerance, Beth Jacob Congregation in Beverly Hills, the Shirball Cultural Center, American Jewish University and YULA Boys High School and went on a shopping spree at 613 The Mitzvah Store before participating in a commencement ceremony at the JJ Grand Hotel in Koreatown at the end of their weeklong stay.

Koreans often compare themselves to Jews — a beleaguered people from a small country surrounded by enemies, which is, like ancient Israel, divided in two. Their brothers in North Korea are persecuted, while millions of Koreans in the Diaspora — and even those in the increasingly westernized South Korea — struggle to maintain their traditions and a standard of excellence for their children.

Hyun's interest in Judaism began in 1990 while working toward his Ph.D. in education at Biola University, a Christian school in Orange County. As part of his studies, he was moved by what he saw as the God-centered nature of Jewish education, compared to the student-centered nature of classical American education.

He started taking classes at the University of Judaism (now American Jewish University), but was turned off by the liberal approach he found there. He switched to Yeshiva University of Los Angeles and, after some persistent nudging, ended up talking with Adlerstein, who was teaching there at the time.

Adlerstein, currently director of interfaith affairs at the Simon Wiesenthal Center, invited Hyun to his home for Shabbat dinner. Now Hyun and his wife — and often dozens of Hyun's guests regularly attend Adlerstein's Passover, Rosh Hashanah and Shabbat meals.

Hyun set up the Shema Education Institute in 1992, and has since become something of a cult figure among his followers in South Korea and in the Korean Diaspora.

"We have had great leaders like Moses, and Paul in the New Testament, and Dr. Hyun's discovery of the secret of Jewish survival is one of the greatest discoveries in human history," said Yeong Pog Kim, with Hyun translating.

Kim has 2,000 members at his Presbyterian Church of Love and Peace near Seoul, and he said he is slowly introducing them to Jewish family values and educational methods.

He believes the Jewish give and take between teacher and student can revolutionize staid Korean classrooms. And it will make families stronger, as husbands learn to respect their wives and spend more time with their children.

Like many of Hyun's students, Chi Nam Kim, a pastor in Toronto, has modified how he observes the Lord's Day. Now, his wife lights candles every Sunday, and he says a prayer over the wine and the bread, and blesses his children and wife, all dressed in their best traditional clothes.

Chi Nam Kim explains this commitment by quoting Rabbi Abraham Joshua Heschel's observation, "More than the Jews have kept the Sabbath, the Sabbath has kept the Jews."

One student, Jin Sup Kim, prays three times a day, reciting the Shema and the biblical chapters that come after it, along with verses from the New Testament.

Jin Sup Kim is vice president of the divinity college at Baekseok University, a Christian school near Seoul with 30,000 students. Kim earned a Ph.D. in ancient near eastern studies at Philadelphia's Dropsie College, now known as the Center for Advanced Judaic Studies at the University of Pennsylvania.

Kim, who teaches Hebrew, named his children Salome, Emet and Chesad, Hebrew words for peace, truth and kindness. During summer and winter breaks, he studies the Bible with his children for hours every day and encourages his 950-divinity students to do the same.

Kim leads a division of the Shema Education Institute and his own organization, the Korean Diaspora Revival Foundation, with offices in Israel aimed at drumming up Korean support for Israel and Judaism. Addressing the anti-Semitism some Christian missionaries imported into Korea has been a clear benefit of the program.

"I didn't like the Jewish people because of what they did to Jesus and Paul in the New Testament," said Yeong Pog Kim, the minister from Seoul. "But now I turned to being pro-Israel. Now it opened my eyes to see the Jews positively, as a friend, and to see the Old Testament with a positive mind."

In the past decade, South Korea has sent more tourists — mostly Christian pilgrims — to Israel than the rest of Asia combined, and the political relationship between the two countries continues to improve, according to the Jerusalem Center for Public Affairs.

While Israel needs that kind of international support, and the attention the Shema Education Institute is offering the L.A. Jewish community is flattering, is this attention all positive?

Adlerstein isn't so worried about the Koreans' filtered interpretations of Judaism — they are, after all, not planning to become Jewish. But Adlerstein does worry about what some refer to as reverse anti-Semitism, something he has seen in many parts of the world.

"Putting Jews up on a pedestal for how they are educated or for their achievements is sort of nice, but at the same time, it sends the message that the reason why we like Jews or will tolerate them is because they act on a higher plane. And we don't always act on a higher plane, and these positive stereotypes are not always true," Adlerstein said. "We would rather be accepted because we are a people and all people deserve tolerance and acceptance."

Still, there is something compelling about the expectation, Adlerstein said.

"As a traditional Jew, I can't fight it too much because I do believe it is what the Ribbono Shel Olam [Master of the Universe] asks of us. He does ask of us to live on a higher plane, to be an or lagoyim [a light unto the nations]. I find this insistence in some people who are not anti-Semites, but who insist on Jews being different, to be disturbing and exhilarating at the same time."

Book Review

《한국형 주일가정식탁예배 예식서》를 읽고

- '밥상머리' 교육의 놀라운 효과에 소망을 건다
  - 김의원 박사 (전 총신대 총장, 구약학)
- 가정 해체의 세계적 위기를 극복하는 선구적 필독 지침서
  - 김진섭 박사 (쉐마교육학회 회장, 백석대, 구약학)
- 본 예식서는 한국교회와 모든 가정에 한 줄기 빛이다
  - 안병만 박사 (고신대원 실천신학)
- 한국교회와 가정의 근본 문제 해결을 위한 실천 지침서
  - 김경원 목사 (한국기독교목회자협의회 대표회장)
- 한국교회의 미래를 여는 계기다
  - 주준태 목사 (고신교단 총회장)

서평

'밥상머리' 교육의 놀라운 효과에 소망을 건다

김의원 박사 (전 총신대 총장, 구약학)

- 백석대 대학원 학사 부총장
- 총신대학교 총장
- 복음주의신학회 회장 역임
- 미국 뉴욕대학교(Ph.D., 히브리어, 유대학)
- 미국 웨스트민스터 신대원(Th.M., 구약)
- 미국 웨스트민스터 신대원(M.Div.)
- 총신대학교 신대원(M.Div.)

최근 수많은 교회가 무너지고 가정들이 깨어진다. 삼대가 어울리던 가족 제도는 사라지고 핵가족도 모자라 모래알처럼 흩어지게 되었다. 다시 교회와 가정을 살리려면 어떻게 해야 할까?

현용수 교수는 그 답을 구약성경과 유대민족에게서 찾았다. 그들은 수천 년의 역사 가운데 나라가 없으면서도 민족의 종교와 가정의 전통을 지켜오면서 수많은 인재를 길러낸 민족이다. 그들의 비밀은 밥상머리 교육에 있었다. 그들은 최소한 일주일에 한 번 이상, 즉 안식일을 맞이하는 금요일 저녁마다 밥상머리 예배, 즉 밥상머리 교육을 통해 신앙을 전수하였을 뿐 아니라 수많은 위인들과 지도자들을 양성했다.

그렇다면 우리도 예전의 밥상머리 교육을 성경적 구도에서 되살릴 때 가정을 되살릴 수 있으며 더 나아가 교회도 회복시킬 수 있을 것이다. 필자는 여러 지역의 '작은교회연합회'를 찾아다니면서 그런 교육의 장을 회복하자고 이야기 하던 중에 반가운 소식을 접하였다.

현용수 교수께서 쉐마교육을 통해 '밥상머리' 교육을 회복시킨다는 내용이다. 쉐마목회자클리닉에 참석했던 목회자나 사모 그리고 자녀들이 많이 변화되고 더 나아가 교인들이 그들을 닮아가면서 교회가 회복된다는 소식이었다. 여기에 변화를 체험한 몇 분들의 글이 실렸다. 참으로 놀라운 변화에 기쁨을 함께 한다.

필자는 본서를 읽으며 그 동안 필자가 연구하며 주장해오던 것과 너무나 비슷해 반가웠다. 그리고 꼭 필요한 시기에 누군가 해야 할 일을 현 교수가 유대인 모델에 복음과 한국문화를 가미하여 해냈다는 점에서 그 노고를 치하한다. 특히 제1부에서 한국형 주일가정식탁예배의 필요성을 가정신학과 예배학적인 면에서 깊게 연구한 논리는 제2부의 예식서를 따라 실천하는 이들에게 뚜렷한 동기 부여와 확신을 주는데 충분할 것이다.

교육학의 난제는 "어떻게 행동해야 하느냐"는 행동의 규범을 가르치는 것도 중요하지만, 그것에 따라 행동하지 않는 사람들을 변화시키는 데 있다. 그 동안 기독교인들은 이런 교육적 기능을 교회가 할 수 있을 것으로 여겼으나 현실적으로 역부족이다. 최근에 학자들은 교회를 교회 건물에서 가정 속으로 옮겨야 한다고 주장한다. 하지만 가족조차도 한자리에 모이기 쉽지 않을 뿐 아니라 식구들이 모인다 해도 텔레비전에 주의를

다 빼앗기고 가정예배를 뒷전으로 밀어내었다.

　이에 대한 대안은 한국형 주일가정식탁예배에 있다고 본다. 가정이 교회(성전)라면 밥상(식탁)은 가정의 제단이다. 따라서 밥상에서 영적 활동이 일어나야 한다. 유대인들은 밥상을 통해 가족과 민족 공동체를 든든하게 세워왔다. 손수 음식을 준비하는 어머니의 정성과 가족이 한자리에 모여 나누는 이야기꽃, 새로운 반찬이 하나씩 올려 질 때마다 하나님께 드리는 기도와 찬양, 밥상 앞에서 자녀들이 부모님의 노고에 대하여 감사를 드리고 아버지가 아이들을 축복하는 모습을 볼 수 있다. 그 밥상에는 예절이 있고 가정교육이 있고 예배가 있었다.

　유대인들의 안식일 저녁 밥상머리는 그들의 종합교육의 장으로 자녀들이 가정예절을 배우는 유쾌한 교육의 장소이며, 어떤 잘못을 고백해도 다 용서받는 화해의 장소이며, 영혼과 육체를 보신하는 성소의 떡상이었다.

분잔은 평화를 마시는 시간이다

　유대인들은 안식일에 서로 나누는 인사에 '샤밧 샬롬'(평안한 안식일)이란 말이 있다. 이 인사는 밥상에서 밥을 먹기 전에 포도주를 마신(분잔) 뒤에 하는 인사이다. 유대인들은 안식일에 평화를 누리기 위해 먼저 자신들이 거룩해져야 한다고 생각한다. 포도주를 나누는 것은 평화의 임재를 위한 성결의식이다. 평화는 모든 가족 구성원들 사이에 세워져야 하기 때문에 어린

아이도 반드시 포도주를 마셔야 한다. 포도주 의식을 한 뒤에라야, 즉 화해를 한 뒤에야 밥을 먹을 수 있다.

신약시대에 예수님은 십자가에서 돌아가시기 전에 제자들에게 포도주 잔을 사례하시며, "너희가 다 이것을 마시라 이것은 죄사함을 얻게 하려고 많은 사람들 위하여 흘리는바 나의 피 곧 언약의 피니라"(마 26:27-28)고 말씀하셨다. 포도주는 예수님의 피를 상징한다. 하나님과 사람이 서로 평화하려면 사람이 죄가 없이 거룩해져야 하는데, 이것은 예수님의 피로만 가능하다. 결국 예수님이 십자가에서 피 흘려 죽으심으로 하나님과 사람 사이에 평화협정이 맺어졌다.

주님이 부활하신 주일은 평화를 창조하신 날이다. 따라서 주일에 불화하거나 화를 내서는 안 된다. 밥상머리에서 가족들끼리 화가 나 있을 때면 아무리 진수성찬이 차려져 있어도 음식의 맛을 모른 채 식사하게 된다. 따라서 밥상머리에서 예수님의 피를 상징하는 포도 주스를 통해 자녀의 잘못을 용서하고 가족이 모두 평화를 마시고 나눈다면 그 시간을 통해 가족 공동체가 든든하게 세워져갈 것이다.

분병을 하며 음식을 먹는 것은 하나님의 사랑을 아는 한 방식이다. 예수님은 십자가에 달리시기 전에 제자들과 함께 앉으셔서 떡을 사례(분병)하시고 그들에게 주시며 "이것은 너희를 위하여 주는 내 몸이라"(눅 22:19)고 말씀하셨다. 예수님이 우리를 위하여 십자가에 달리심으로 친히 그 자신의 몸을 우리에게 거룩한 식사로 주신 것이다. 초대교회도 모일 때마다 "집에서 떡을 떼며"(행 2:46) 하나님을 찬미하였다. 매주 믿는 집에 모여서 밥상머리 예배를 드렸다.

그런데 오늘날에는 성찬식이 교회에서 예배의 중심이 되지 못하고 공적 예배에 끼워 파는 이벤트처럼 되어버렸다. 성찬은 본래 집에서 하는 일인데 교회의 예전으로 받아들여진 후, 요즘에는 바쁜 사람들을 붙들어 앉혀놓고 시간을 끌 수 없어서 점점 더 간단해지고 있다.

유대인들은 전통적으로 회당에서 음식을 먹지 않는다. 초대교회도 유대 전통을 따라 먹는 일과 교회 모임을 구분해서 지켰다. "성전에 모이기를 힘쓰고 집에서 떡을 떼며…."(행 2:46). 즉 성전에 모여 떡을 뗀 것이 아니라 집에 가서 떡을 뗀 것이다. 예수님이 몸소 본을 보이시고 시작한 성찬예식도 가정에서 한 것이었다. 그렇다고 우리가 성찬을 집에 가서 하자는 말은 아니다. 다만 주일에 밥상머리 예배가 있는 가정에 정착되어 자녀들의 신앙을 불러 일으켜 주었으면 좋겠다는 것이다.

매주 안식일이 시작되는 금요일 저녁 만찬이 유대인의 삶에 정착되어 자손 대대로 이어 내려올 수 있었던 이유는 만찬이 가정에서 가정으로 전승되었기 때문이다. 그러나 개신교는 어린이들을 성찬에서 제외하고 있기 때문에 다음 세대를 잇는 고리가 성찬에서 끊어져 있다.

이런 문제를 해결하기 위해 이제 한국교회가 초대교회의 주일가정식탁예배를 회복해야 할 때다. 따라서 이 책을 읽은 분들은 쉐마목회자클리닉에 참여하여 그 신학과 방법을 더 배워 가정에서 실천해야 할 것이다. 그 결과 각 가정마다 성경적인 진리를 따라 변화가 일어나고 작은 교회들이 살아날 때 한국교회의 변화를 기대할 수 있을 것이다. 필자는 여기에 한줄기 빛의 큰 소망을 걸어본다.

서평

가정 해체의 세계적 위기를 극복하는 최초의 선구적 필독 지침서

김진섭 박사 (Ph.D., 구약학)

- 백석대 백석정신아카데미 부총재
- 쉐마교육학회 회장
- 쉐마교사대학 9회 졸업
- 복음주의 구약학회 회장
- 미국 Dropsie 대학교 고대근동학(M.A., Ph.D.)
- 미국 Covenant 신학대학원 구약학(Th.M.)
- 고려신학대학원 목회학(M.Div.)
- 서울대학교 농화학과(BA)

현용수 박사님은 미국 2세 종교교육의 방향을 제시하는 논문을 써서 1990년 박사학위를 받고, 그 학위 논문을 수정 보완하여 ≪문화와 종교교육≫(1993)을 출간하였습니다. 이를 필두로 ≪IQ는 아버지 EQ는 어머니 몫이다≫(1996)에 이어 지난 20년 동안 도합 32권의 책을 저술 및 번역했습니다.

최근 쉐마교육학회 하계논문발표회(2013.7.8)에서 발표한 논문을 수정증보한 '가정해체로 인한 인성교육 실종, 대재앙을 막는 길'(현용수, 쉐마, 2013)에서 잘 지적한 대로, 한국사회는 "이혼율·저출산율·자살율 세계 1위, 성범죄율 2위, 낙태율 3위, 국민 행복지수 세계 꼴찌 수준"의 절망적인 가정 관련 통계들 배후에는 가정해체로 인한 소위 '밥상머리 교육'이라 부르는 일반 은총적 인성교육의 실종이 그 핵심 원인임을 인식해야 합니다.

뿐만 아니라, 3세대가 함께 동고동락하던 대가족 시대(1970년대 이전)에서 조부모가 실종된 2세대 동거시대(1980년대), 자녀가 실종된 1세대 동거시대(1990년대)를 지나, 2000년대부터는 부부도 실종된 1인 독거시대로 진입하여, 4가구 중 1곳이 '1인 가구'이며 이중 미혼이 46.2%이며, 국민 4명 중 1명만이 조부모를 가족으로 생각하는 지경에 이르렀습니다. 가정해체 현상은 지구상에 12억 이상의 '1인 가구'를 형성할 만큼 이제 국제적인 대재앙이 되어버렸습니다.

가정 해체의 현황도 잘 인식하지 못하니 그 원인과 대책은 더 규명하지 못하는 국내외적 현실 속에서, 현 박사님은 이 문제를 풀기 위한 대안으로 지난 20년 동안 일관되게 '인성교육론'과 '쉐마교육론' 등에 관해 33권을 저술했습니다. 그리고 그 내용을 국내외 '쉐마지도자클리닉'을 중심한 세미나에서 혼신의 힘을 다해 강의했습니다.

그 결과 그 동안 배출된 제자들이 그 이론들을 가정과 교회에서 실천함으로 말미암아 서서히 가정회복은 물론, 건강한 교회 성장의 열매를 국내외적으로 시위하게 되었습니다. 그리고 이제 더 큰 확장과 조직을 위하여 통일된 '주일가정식탁예배 예식서'란 책을 집필하게 되었습니다. 성삼위 하나님께 감사드리며 현 박사님의 그 동안의 노고에 감사의 박수를 보냅니다.

현용수 박사님의 저서들은 언제나 다음과 같은 강점들을 지니고 있습니다.

첫째, 하나님께서 현 박사님을 1970년대 초기에 미국 로스앤젤레스로 이민을 보내어, 정통파 유대인들의 커뮤니티에 살게 하시면서, 모세를 통해 주신 하나님의 계명을 따라 유대인들이 어떻게 3,400년 동안 "땅의 모든 열방 가운데 '지존'(엘룐)으로 하나님께서 세워주셨는지"(신 28:1의 약속 성취)를 목도하면서, 그 비결이 바로 '쉐마가정신학'임을 절감했습니다. 그리고 유대인의 명문랍비신학대학 수학과 개혁주의신학에 기초한 장로교 목사로서 미국 기독교 명문대에서 기독교교육학 최종학위 취득을 통하여 보다 확실한 이론을 정립했습니다.

따라서 금번 '주일가정식탁예배 예식서'에는 정통파 유대인의 3대 신앙명가의 '쉐마가정신학'에 대한 저자의 이해를 개혁주의의 기독론, 구원론, 교회론은 물론, 교육학적, 심리학적 및 문화인류학적인 관점에서 재해석하여 한국인 기독교인을 위한 실천지침으로 정리했습니다.

이 책은 현재 이스라엘을 포함한 108개국에 흩어진 약 1,500만의 유대인 디아스포라에 비해 한반도를 제외한 180개 국가에 흩어진 약 750만의 세계 최대의 한국인 디아스포라 가정에 대한 문제 진단과 그 해법 제시는 물론이요, 특별히 세계 선교 주자로서의 한국교회가 안고 있는 "가정과 교회의 괴리 및 가정해체" 현상에 대한 적극적인 대안을 명쾌하게 제시하고 있습니다.

둘째, 유대인들이 주 예수님과 성령님과 신약성경을 부인하는 일위일체 신관과 신약의 성취에 무지한 구약의 메시아 약속에만 매달려 있는 치명적인 문제점을 가지고 있다면, 저자 현용수 박사님은 개혁주의 신학의 강점으로서 신구약 성경이 통전적으로 강조하는 '7대 언약'[창조-아담-노아-아브라함-모세(시내산-모압-세겜)-다윗-(주 예수님의) 새언약] 사상과 '구속사적 세계관'[창조(창 1-2장)-인간 타락과 하나님의 구속(창 3장-계 20장)-완성(계 21-22장)]의 틀을 가지고, 정통파 유대인들의 쉐마가정신학의 꽃인 '안식일 가정식탁예배'가 어떻게 신약시대에 반영되어야 하며, 오늘의 한국 그리스도인들이 시행해 온 가정예배를 어떻게 수정 보완하여 접목될 수 있는지에 대한 해법을 제시하고 있습니다.

본서는 제1부에서 이론적인 제언으로 "기존 가정예배의 한계와 유대식을 모델로 한 한국형 주일가정식탁예배의 필요성", 그리고 어떻게 가정에서 아버지가 자녀들에게 안수할 수 있는지, 그리고 애찬식을 집례할 수 있는지에 대한 신학적인 당위성을 명쾌하게 논증합니다. 그리고 제2부는 실천을 위한 안내로서 "주일가정식탁예배 예식서 준비와 순서"로 구성되어 있습니다.

이 책은 세계교회사적으로 '가정예배'에 대한 최초의 시도로서, 또 한 번 세상의 유일한 소금과 빛인 그리스도인들이 자신의 가정 3대를 성전으로 삼아 자손 대대로 교회와 사회와 국가와 세계를 품고 살려야 할 시대적 비전과 사명을 일깨우는 "가정 해체의 세계적 위기를 극복하는 최초의 선구적 필독 지침서"로서 자리매김하게 될 것을 확신하면서 널리 추천하는 바입니다.

서평

본 예식서는 한국교회와
모든 성도들 가정에 한 줄기 빛이다

안병만 박사 (Ph.D., 실천신학)

- 열방교회 담임
- 고신대원 실천신학 강사
- 쉐마교사대학 8회 졸업
- 건강한교회연구소 초빙교수
- 영국 위클리프 선교학
- 남아공 포체프스트룸대학 설교학 전공(Ph.D.)
- 고신대 및 고신대학원 졸업

　미국 하버드대 연구진은 1980년대부터 저소득층 83가구를 대상으로 가족 간의 식사 시간의 중요성을 연구한 결과, 다른 어떤 조건보다 가족과 함께 식사하는 아이의 경우 어휘 습득력이 월등하게 나타났다고 발표했다. 또한 콜롬비아대학교 약물남용중독관리센터(CASA)의 조사에 따르면, 가족이 모여 식사를 많이 하는 가정의 자녀는 그렇지 않은 동급생에 비해 학업 성적이 A학점을 2배 이상 많이 받았다고 한다. 청소년의 경우 흡연과 음주, 마약 등에 빠질 확률은 절반 정도로 낮았다고 한다 (박미영, 유대인의 자녀교육, 국민일보, p. 125). 한국도 밥상머리교육이 잘 되었을 때에는 인성교육의 문제나 다른 교육의 문제들이 별로 없었다.
　일상적인 가족과의 식사 습관도 이럴진대, 하물며 주일에 온 가족이 식탁에 앉아 경건하게 하나님께 예배를 드리며 아버지가 자녀들에게 하나님의 말씀을 가르치며 교제를 나누면 얼마나 더 유익하겠는가!

창조주 하나님은 이런 유익을 미리 아시고 구약시대 하나님의 백성 유대인에게 안식일식탁예배나 다른 절기식탁예배들을 드리도록 명령하셨다(모세오경 참조). 유대인은 이런 절기식탁예배를 생명처럼 여기며 철저하게 지킨 결과 생존에 성공한 민족이다.

특히 안식일은 금요일 저녁 해질 때부터 토요일 해질 때까지 구별하여 지킨다. 그것은 창세기 1장의 하루를 계산하는 원리에서 그렇게 하고 있다. 안식일이 시작되는 금요일 저녁 식탁은 가능하면 3대가 함께 모여 안식일 시작을 알리며 한 주간 동안 야웨 하나님의 돌보심과 은혜에 감사하며 가족 예배를 드린다. 아내가 준비한 거룩한 식탁에 둘러 앉아 포도주 잔을 들고 감사의 기도를 드리고 난 후에 빵을 나누며 평안과 안식 그리고 가족의 단결과 영적 능력을 회복하는 예식이 진행 된다.

유대인은 절기식탁예배를 토라(하나님의 말씀)와 민족혼과 그들의 정체성을 심는 뿌리교육의 장으로 활용한다. 더 효과적인 가정식탁예배를 위해 일관된 형식을 만들어 3대가 함께 참석하게 한다. 3대에 세대차이가 없으면 영원히 세대차이가 없기 때문이다. 이런 의식을 아브라함의 때부터 지금까지 4000

년 동안 지켜 오면서 거의 내용이나 형식에 변화 없이 그 의미를 고스란히 담고 다음 세대에 전수하며 지켜오고 있다.

따라서 유대인에게 안식일 절기 가정식탁예배는 자신들이 가진 토라와 전통과 역사를 다음 세대로 이어지게 하는 연결고리의 시간이며 공간이다. 가정이 천국의 모형임을 보여주는 즐겁고 유익한 여호와의 절기다.

그들의 안식일은 기독교에서는 주일로 승화되었는데, 우리가 그 정신과 형식을 잃어버리고 주일 교회 공동체 예배에만 치중하다 보니 가족 간의 교제와 아름다운 전통이 사라지고 세대 간의 갈등은 물론, 가족끼리 심한 몸살을 앓는 지경에까지 이르게 되었다.

이러한 위기 상황에서 현용수 박사님은 '쉐마- 구약의 지상명령(창 18:19; 신 6:4-9)'을 준수해야 가정이 살고 한국교회가 살며, 더 나아가 기독교가 살 수 있다는 확신을 가지고 지금까지 많은 관련 저술과 세미나를 통해 광야의 외치는 자의 소리로 시대적 사명을 감당해 오셨다. 그 결과 많은 이들이 주일가정예배를 드리고 있다.

이제 그들을 위해 금번에 주일가정식탁예배 예식서를 발간하게 되었다. 유대인의 안식일가정식탁예배 형식을 한국인 기독교인에 맞는 주일가정식탁예배 형태로 바꾸어 만든 것이다. 늦은 감이 있지만 형식이 없이 가정마다 오합지졸로 지켜오던 가정예배에 한 줄기 빛이 아닐 수 없다.

가정과 한국교회가 살 길은 바로 온 가족 3대가 함께 주일가정식탁예배를 토요일 저녁에 일정한 형식을 따라 드리는 것으로부터 시작된다고 할 수 있다. 우리 가정도 일반적인 예배 형식을 빌려 가정예배를 드리고 있던 차에 신학적, 예배학적 문화인류학적, 교육학적, 그리고 심리학적으로 정리된 예식서를 접하게 되니 얼마나 다행한 일인지 모르겠다. 이런 관점에서 현 박사님의 주일가정식탁예배 예식서는 한국교회 모든 성도들에게 좋은 지침서가 되리라 확신한다.

한국교회와 가정의 근본 문제 해결을 위한 실천 지침서

김경원 목사 (D.Min., 목회학)

- 한국기독교목회자협의회 대표회장
- 서울 서현교회 담임
- 쉐마교사대학 8회 2차 수료
- 전 웨스트민스터신학대학원대학교 총장
- 총신대학교 재단이사회 부회장
- Reform Theological Seminary(D.Min.)
- 총신대원(M.Div)

기독교 역사 2,000년 동안 신약교회의 복음전파의 역사는 예루살렘 – 유대 – 사마리아 – 소아시아 – 로마 – 스페인 – 북유럽 – 영국 – 미국 – 한국 – 중국까지 이어집니다.

그러나 지난 2,000년간 하나님의 말씀과 성령의 촛대를 계속 간직하고 있는 민족이나 국가는 거의 없습니다. 현재 성지순례를 가 보면 초대교회였던 예루살렘 교회나 초대교회 선교의 교두보 역할을 했던 안디옥 교회도 죽어 있습니다. 요한계시록 제2장과 제3장에 나타난 일곱 교회가 터키에 있는데 모두 죽어 있습니다. 유럽교회도 죽어 있고 미국교회는 죽어가고 있는 중입니다.

한국교회도 이런 역사의 흐름을 피해가지 못하고 있습니다. 기독교 100년의 역사를 뒤로하고 가파르게 죽어 가고 있습니다. 특히 자녀들이 대학에 들어가면 다수가 교회를 떠나고 있습니다.

문제는 더 있습니다. 쉐마교육학회 하계논문발표회(2013.7.8.)에서 발표한 논문을 수정증보한 '가정해체로 인한 인성교육 실종, 대재앙을 막는 길'(현용수, 쉐마, 2013)에 의하면, 가정과 관련된 절망적인 통계들이 나옵니다. "이혼율·저출산율·자살율 세계 1위, 성범죄율 2위, 낙태율 3위, 국민 행복지수 세계 꼴찌 수준"입니다. 모두 가정해체로 인한 '밥상머리 교육'의 부재에서 나온 것입니다.

현용수 교수님은 이 문제들을 해결할 수 있는 두 가지 대안을 제시합니다. 그는 미국에서 20여년 이상 유대인 공동체에서 유대인의 생존의 비밀을 연구하여 25권의 책을 저술했습니다. **첫째는** 인성교육 측면에서 가정에서 세속적인 수평문화를 차단하고 수직문화, 즉 민족의 정체성과 한국적인 효와 예를 심어주고, **둘째는** 쉐마교육적 측면에서 3세대가 가정에서 자손대대로 하나님의 말씀과 역사와 전통을 전수하라는 구약의 지상명령(창 18:19; 신 6:4-9)을 회복하라는 것입니다.

그래서 이 두 가지 대안에 성공적인 모델로 아브라함 때부터 현재까지 4000년 동안 토라와 역사와 전통을 가정을 통해 자손대대로 전수하는 데 성공한 성경적인 유대인 자녀교육을 강의해 왔습니다. 특히 효신학, 아버지 신학, 어머니 신학 및 고난의 역사신학 등 가정신학에 초점을 맞추었습니다.

그런데 현 교수님의 저서나 강의를 들은 후 흔히 "어떻게 실천할 것인가?"라는 문제에 봉착하게 됩니다. 현 교수님은 여러 가지가 있겠지만 이 두 가지 대안을 실천할 수 있는 가장 근본적인 교육의 장은 가정 성전으로서의 가정이고, 가정교육의 핵심은 가정예배인데 그것은 대부분 안식일(주일)절기를 어떻게 거룩하게 잘 지키느냐에 달렸다고 합니다. 쉐마교육의 꽃은 안식일절기식탁예배에 있기 때문입니다.

현 교수님은 그렇다고 유대인식 안식일 절기를 그대로 지키면 신약신학적으로 문제도 발생할 뿐만 아니라 효과도 감소된다고 주장합니다. 때문에 한국인 기독교인에게 맞는 '한국형 주일가정식탁예배'의 필요성을 주장해 왔습니다.

그래서 본 예식서에는 유대인식에 예수님의 복음과 성령님의 능력을 더해 기독교식으로 만든 다음 이에 한국 문화를 가미했습니다. 이것이 바로 '신(新) 한국형 기독교인의 밥상머리교육'일 것입니다. 이런 방법은 가정예배를 드리는 부모들과 자녀들이 인성교육학적인 측면에서 '한국인의 정체성과 기독교인의 정체성', 이 두 가지를 함께 가질 수 있기 때문에 매우 유익하고 효과적이라는 것입니다.

이에 대한 평가는 그 동안 현 교수님의 교육을 받은 후 가정에서 주일절기식탁예배를 실천한 많은 목회자들과 평신도들에게서 나왔습니다. 너무나 좋다는 것입니다. 자녀들의 신앙교육과 인성교육 그리고 IQ교육까지 성취할 수 있다는 것입니다.

그 효과는 국민일보와 CTS 등 언론에서도 많이 보도했습니다.

이제 더 많은 이들에게 쉐마교육을 보급하기 위하여 정리된 표준 예식서의 필요성이 대두됨에 따라 이번에 유대인식을 참고한 '한국형 주일가정식탁예배 예식서' 출간하게 되었습니다. 현 교수님이 개발한 인성교육론과 쉐마교육론의 핵심 실천서인 셈입니다. 그간의 노고에 진심으로 축하합니다.

본서는 제1부에서 기존 가정예배의 한계를 설명하고 독자들이 오해할 수 있는 주제들에 대한 신학적인 당위성을 명쾌하게 논증합니다. 예를 들어 "왜 유대식인가?" 혹은 "어떻게 가정에서 아버지가 자녀들에게 안수할 수 있는가?" 혹은 "어떻게 아버지가 애찬식을 집례할 수 있는가?" 등입니다. 제2부는 실천을 위한 안내로서 "한국형 주일가정식탁예배 예식서로 준비와 순서"를 담고 있습니다.

많은 분들이 한국교회가 당면한 가정교육과 교회교육 그리고 교회성장 문제에 대해 고심하고 있습니다. 필자는 본서가 그 분들에게 한국교회와 가정의 근본 문제를 해결할 수 있는 실천 교과서로 매우 탁월하다고 생각합니다. 뿐만 아니라 이런 시도는 선교신학적인 면에서 가정해체로 고민하는 세계 여러 나라 성도들에게도 매우 좋은 모델로 소개할 수 있을 것입니다.

> 서 평

한국교회의 미래를 여는 계기다

주준태 목사 (풀러신학대학원 D.Min.,)

- 고신교단 총회장
- 송도제일교회 담임목사
- 쉐마교사대학 11회 졸업
- 미주 풀러신학대학원 (D.Min)
- 고려신학대학원 (M.Div)
- 고신대 신학과 (BA)

　교회는 믿음의 선배들에게 물려받은 귀한 신앙의 유산을 다음세대에 전수하기 위해 실제적인 교회교육의 보완장치를 가정에 마련해야 합니다. 저는 정통파 유대인의 안식일 식탁예배에서 교육의 내용뿐만 아니라, 형식면에서 몇 가지 탁월한 모티브를 발견하고 신학적, 교육학적 자문을 받아 '야곱의 식탁'이라는 명칭의 송도제일교회 가정식탁예배를 제정했습니다.

　또한, 고신총회장이 되면서, 가정에서 어린 영혼을 선점할 수 있는 성경적 프로그램을 우리 교육원에서 연구 개발하여 전국교회에 도움을 드리겠다고 약속했습니다. 그리고 "복음의 길, 3세대의 따뜻한 동행"이란 제하의 총회개회 설교에서 제안한 고신교회 성도들이 지킬 5가지 수칙 중 둘째 항목으로 "온 가족이 함께하는 가정예배(야곱의 식탁)로 신앙의 명가를 세운다"를 명시했습니다.

쉐마교육의 꽃은 안식일절기식탁예배에 있습니다. 금번에 쉐마교육연구원 원장이신 현용수 박사님이 저술한 '한국형 주일가정식탁예배 예식서'는 식탁예배를 시행하면서 겪게 되는 문제들과 씨름하는 이들에게 정말 시의 적절하고 광범위한 답변을 제공해줍니다.

특히, 유대인식을 기독교식으로 바꾸어 복음에 맞춘 것, 성령님의 내주하심과 능력을 강조한 개신교식 기도의 도입, 어머니와 아내를 위한 기도문 그리고 아들과 딸을 위한 축복의 선언, 그리고 한국식 기도의 자연스러운 연결 등은 가정식탁예배를 실천하는 가정에 큰 도움이 됩니다.

쉐마교육연구원, 총회교육원, 교회들의 이런 노력들이 쌓여 한국교회의 미래가 열린다고 확신하면서, 유대인을 모델로 한 한국형 주일가정식탁예배의 출현을 경하해 마지않습니다.

저자 서문

- 유대인을 모델로 한 -
≪한국형 주일가정식탁예배 예식서≫를 펴내며

유대인은 역사적으로 다음 네 가지를 성취했다.

1. 유대인은 어떻게 아브라함 때부터 현재까지 4000년 동안 자손 대대로 하나님의 말씀을 전수하는 데 성공했는가?

2. 유대인은 어떻게 전 세계를 유랑하면서도 자신들이 거주하는 지역의 이방문화에 동화되지 않고, 자녀들에게 성결교육을 시키는 데 성공했는가?

3. 이스라엘의 인구는 약 700만 명인데도 어떻게 13억의 아랍권을 이길만한 국가 경쟁력이 있는가?

4. 유대인은 어떻게 노벨상 32%를 받을 만큼 IQ교육에도 성공했는가?

유대인의 성공과 생존의 비밀은 무엇인가? 그들은 누가, 어디에서, 왜, 무엇을, 언제, 어떻게 교육을 시키는가? 부모가 구약의 지상명령에 따라 가정에서 성경을 안식일 절기에 탈무딕 디베이트 방법으로 교육시킨다. 즉 가장 근원적이고 종합적인 교육의 모형은 '안식일가정식탁예배'이다. (물론 다른 절기 교육도 있다)

저자는 현대교육과 종교교육의 문제를 해결하는 방법이 성경적인 유대인 자녀교육에 있다는 확신을 갖고 1990년 학위를 받은 이후 2013년 현재까지 두 가지 학문의 영역, 즉 '인성교육론'과 '쉐마교육신학론'을 개발했다. 인성교육론 시리즈는 7권, 쉐마교육신학론 시리즈는 18권, 도합 25권의 책을 집필하였다

(이후 전체를 '쉐마교육'이라 칭함). 저자의 박사학위 논문을 토대로 쓴 ≪문화와 종교교육≫ 외에 ≪IQ는 아버지 EQ는 어머니 몫이다≫ ≪현용수의 인성교육 노하우≫ ≪유대인 아버지의 4차원 영재교육≫ ≪부모여 자녀를 제자 삼아라≫ ≪잃어버린 구약의 지상명령 쉐마≫ ≪자녀의 효도교육 이렇게 시켜라≫ ≪신앙명가 이렇게 세워라≫ ≪성경이 말하는 남과 여, 성신학≫ ≪성경이 말하는 어머니의 EQ교육≫ 등이다.

이 교육의 이론들은 실천을 통해 유익한 열매(결과)가 나와야 한다. 유익한 열매가 없거나 해로운 열매가 나오면 안 된다. 그런데 감사한 것은 쉐마교육의 열매가 기대 이상으로 많고 큰 데에 놀라울 뿐이다. 하나님이 소원하시는 교육의 내용과 방법이기 때문이다.

저자가 1989년 탈봇신학대학원을 다닐 때에 쉐마교육의 기본 원리를 깨닫고 처음 저자의 가정에서 실천했을 때는 그 내용이나 방법이 빈약하여 그 열매도 많지 않았는데, 그 후 더 많은 쉐마교육의 이론들을 연구 개발하여 지도자들을 가르친 결과 이제는 양적이나 질적으로 더 많은 열매를 맺고 있다.

먼저 교회에서 열매를 맺고 있다

그 동안 쉐마목회자클리닉에 참석하여 저자의 강의를 듣고 책들을 읽은 분들 중 유대인을 모델로 한 쉐마교육을 교회에 적용하여 실천한 대표적인 이들은 이한의 목사(부산 은항교회),

박현준 목사(서울 드림교회), 소강석 목사(분당 새에덴교회), 설동주 목사(과천약수교회), 윤희주 목사(대구 성덕교회), 김범준 목사(남원 동북교회), 김경원 목사(서울 서현교회, 교갱협 회장), 이근수 목사(서울 홍성교회), 고용남 목사(서울 신촌중앙침례교회, 전 침례교단 총회장), 오용봉 목사(중국 심양 서탑교회와 동광교회), 주준태 목사(부산 송도제일교회, 고신교단 총회장) 등이다.

물론 이들은 교회에만 적용한 것이 아니고 자신의 가정에서 기존의 가정예배 방법대로 가정예배를 드리며 교인들에게도 가정예배를 많이 강조하였다. 그래서 평신도들에게도 가정예배 드리기 운동이 활발하게 일어나고 있다.

그 다음 가정에서 열매를 맺고 있다

그런데 기존의 가정예배의 틀을 벗어나 쉐마교육의 이론에 근거하여 정통파 유대인이 안식일 절기를 철저히 잘 지키듯이, 가정에서 온 가족이 교육의 내용과 형식을 갖추어 한국식으로 한복을 입고 국악찬양을 부르며 떡을 떼며 성경을 자녀들에게 가르치는 '한국형 주일절기가정식탁예배'를 2-4시간 동안 드리는 이들이 많아졌다.

주일절기가정식탁예배의 특징은 저자가 그 동안 저술한 25권의 책의 내용을 실천하는 종합적인 교육의 장이기 때문에 더욱 그 의미가 깊다. 원래 쉐마교육은 가정교육에 초점이 맞추어진 성경적인 가정 사역의 원리다. 저자가 개발한 인성교육의 원리나 공식 그리고 구약의 지상명령 쉐마를 실천하기 위한 효신학,

아버지 신학, 어머니 신학, 가정 신학, 성신학, 경제신학, 고난의 역사신학 등은 매주 돌아오는 안식일을 잘 지키기 위한 이론들이다. 여기에는 예수님의 복음과 한국인의 문화가 첨가되었다.

따라서 이것은 한국인이 유대인의 안식일가정식탁예배를 기독교식으로 변형하여 만든 '신(新) 한국형 기독교인의 밥상머리교육'일 것이다.

이 절기를 실천하기 위해서는 먼저 예수님의 복음(구원론)을 믿어 구원의 확신이 뚜렷해야 한다. 그리고 구원받은 기독교인으로서 가정이란 성전에서 무엇을 왜 어떻게 해야 하는지를 알아야 한다(가정신학). 이에 더하여 아버지는 가정의 제사장으로서 가족에게 왜 무엇을 어떻게 해야 하고(아버지 신학), 어머니는 어떻게 하는 것이 남편을 돕는 배필이 될 수 있고(어머니 신학), 자녀는 왜 부모에게 효를 행해야 하고, 어떻게 해야 효자가 될 수 있고(효신학), 부부는 어떤 관계여야 하고(부부-성신학), 식탁에서는 자녀에게 하나님의 말씀을 전수하기 위해 무엇을 어떻게 가르쳐야 하고(구약의 지상명령 쉐마, 자녀신학, 4차원 영재교육, 경제신학), 그리고 한국인으로서 한국인의 인성교육은 물론 민족관과 국가관(인성교육 노하우, 고난의 역사신학)을 알아야 한다.

따라서 주일절기가정식탁예배는 거룩한 사람들이 이 모든 교육의 내용들을 실천하는 거룩한 장소(공간)이며 거룩한 시간이다. 쉐마교육의 꽃은 주일(안식일)절기식탁예배에 있다는 말이 이래서 나왔다[자세한 세 가지 거룩에 대해서는 저자의 저서 '신앙명가 이렇게 세워라'(쉐마, 2011) 제2권 제8장 Ⅱ. '종합적인 시간 · 사람 · 장소의 거룩 분석' 참조].

쉐마교육을 실천하는 이들은 주로 어린 자녀들을 둔 30대나 40대의 젊은 부부들이다. 그러나 50대나 60대 가정도 있다. 그들은 하나같이 구약의 지상명령을 실천한 초대 믿음의 조상 아브라함이 자신의 가정에서 한 아들(이삭)을 목회하는 데 성공하여 세계적인 인물이 되었다는 데 충격을 받았다고 한다. 그래서 아브라함의 신앙명가 비법을 실천하고자 하는 것이다. [참조: 아브라함은 큰 교회를 목회하여 유명해지지 않았다. 자세한 것은 저자의 저서 '잃어버린 구약의 지상명령 쉐마'(쉐마, 2007), 제1권 참조]

따라서 그들은 자신들의 가정을 신앙명가로 세우기 위하여 자신들의 가정부터 시작해야한다고 했다. 이들은 저자의 강의를 듣고 책들을 열심히 탐독하고 강의 CD를 수십 번 듣고, 실제로 미국에서 진행되는 쉐마목회자클리닉 제3차 학기에서 유대인 가정을 방문한 후 그런 결심을 하게 되었다고 했다.

본 예식서의 필요성이 대두된 동기

처음에는 북미주 캐나다 토론토의 김치남 목사(캐나다 토론토 예수촌교회)가 2007년 4월 15일 시작하여 쉐마가정 사역의 모델이 되었다. 역사적으로 처음 있는 일이었다. 그가 시작할 때는 힘이 들어 몇 주나 갈까 생각했는데, 1년이 지나 2년을 넘기더니 2013년 현재 6년째 실천하고 있다. 해를 거듭할수록 더욱 보람을 느끼고 온 가정이 여러 면에서 매우 성숙해졌다는 것이다. 그 사이 유대인처럼 자녀를 많이 생산하여 5명이 되었다.

김치남 목사는 왜, 어떻게 시작하게 되었는가? 그의 얘기를 들어보자.

> 우리는 가정예배를 처음부터 드릴 생각조차 못했다. 아내의 표현을 빌리자면 가정을 내팽개치는 수준이었다. 그런데 2006년 10월 시카고에서 열린 쉐마목회자클리닉을 참석했을 때에 "이것이다!"라고 외쳤다. 자녀를 제자 삼는 아버지로서의 가정사역과 교회에서의 쉐마목회 적용을 위해 현 교수님의 강의를 몇 번씩 듣고, 그분의 부흥회 CD를 반복하여 듣고 정리하고 또 정리했다. (김치남의 쉐마교육실천기 중에서, 근간 예정)

그러면 김치남 목사가 구체적으로 가정에서 한국형 주일가정식탁예배를 시작하게 된 동기는 무엇인가? 그 다음 얘기를 들어보자.

> 그러던 중 다음 해 2007년 2월 LA에서 있었던 '쉐마목회자클리닉 3차 Field Trip'중 안식일에 유대인의 가정을 방문한 것이 엄청난 전환점의 계기가 되었다. 필자는 그곳에서 굉장한 광경을 경험했다. 2001년 12월에 있었던 꿈에서 본 현장을 6년이 지나 유대인의 안식일 가정 식탁에서 보게 되었다. 그 순간 그 꿈이 해석되었다. 소그룹 중심의 셀 교회 개척이 아니라 가정 그 자체가 소그룹인 '가정 성전'임을 보여 주셨다. 이 땅에 발을 딛고 있는 나였지만 "하나님 나라에 가면 이런 기분일까!" 하는 생각을 했다. 안식일 가정은 분명히 생시임에도 불구하고 꿈을 꾸고 있는 것 같았다. (김치남의 쉐마교육실천기 중에서, 근간 예정)

김 목사는 그 유대인의 안식일가정식탁예배를 목격한 후 캐나다에 돌아가 '한국형 주일가정식탁예배'를 즉시 준비하여 실천했다고 했다. 그리고 김치남 목사는 미국에서 개최되는 쉐마목회자클리닉 3차 학기에 보조 강사로 활동하며 전 세계에서 온 쉐마출신 지도자들에게 자신의 경험을 소개하였다.

그 다음에는 2008년 당시 미국 달라스에서 유학중이던 박금주 목사가 성경적인 가정예배와 자녀교육의 원리와 방법에 목말라하던 중 쉐마교육을 접하고 저자의 책을 읽고 또 읽으며 한국식 주일식탁가정예배의 순서를 만들어 실천하게 되었다. 그 후 한국에 귀국한 후 쉐마목회지클리닉에서 자신이 실천한 것을 여러 목사님들에게 발표한 후 여러 젊은 쉐마회원들에게도 전파하기 시작하였다.

박 목사의 방법을 모방하여 실천하는 대표적인 이들은 권창규 목사(대구, 좋은가족교회, 전 홈스쿨 전국 대표 회장), 백승철 목사(일산 새빛충신교회), 정주헌 목사(부산, 자라남교회), 임성수 목사(대구, 성지교회), 전성수 교수(부천대), 양주성 목사(서울, 비전교회), 노욱상 목사(부산), 서자선 목사, 오용봉 목사 부부 가정(중국 심양, 서탑교회와 동광교회), 이학승 교수(신안산대) 등이다.

권창규 목사는 미국식 홈스쿨을 하다가 문제를 발견하고 쉐마교육으로 변경했다고 했다. 백승철 목사는 성경을 1000독을 하며 성경을 많이 연구한 젊은 목회자다. 그런데 기존의 가정예배는 성경적이지 않다는 판단 아래 가정예배를 거부하다가 쉐마교육을 만나 '한국형 주일가정식탁예배'를 실천한 경우다. 그는 저자의 저서 '신앙명가 이렇게 세워라'를 읽은 감격을 이렇게 표현했다.

> … 그러던 중 2011년 봄 현 교수님으로부터 그 분이 지으신 '신앙명가 이렇게 세워라'는 책을 선물 받았습니다. 그 때 그 책을 손에 쥐었을 때 제가 느꼈던 긴장감과 기대감을 저는 영원히 잊지 못합니다. 저는 '신앙명가 이렇게 세워라'를 이틀에 걸쳐 단숨에 쉬지 않고 읽었습니다. 제가 그토록 찾았던 바로 그런 예배, 성경적인 가정예배에 대한 책이었습니다. 그리고 무릎을 치고 탄성을 질렀습니다. "와, 할렐루야! 심봤다!" 이런 제 모습에 아내는 뭐가 그렇게 기쁘냐며 의아해 했습니다. [현용수, '성경이 말하는 어머니의 EQ교육'(제2권), 2013, p. 290]

이들이 씨앗이 되어 한국의 평신도 교인들에게까지 기하급수적으로 퍼지더니 현재는 약 1000여 가정 이상이 실천하고 있다. 한복을 입지 않고 양복만 입고 유대인처럼 실천하는 이들까지 합치면 이보다 훨씬 많을 것이다. 불과 몇 년 사이에 이렇게 번창하고 있다.

이것은 무엇을 뜻하는가? 젊은 세대들이 하나님의 말씀 교육과 하나님의 말씀에 근거한 구체적인 가정과 자녀교육 방법에 굶주리고 있다는 것이다. 또한 하나님께서는 이들을 위해 그 동안 부족한 저자를 통해 그 이론과 방법을 준비하고 계셨다는 것이다. 이제 때가 차매 그들을 만나게 하시고 실천하게 하신 것이다. 하나님이 원하시는 예수님의 재림을 준비하기 위해서다.

'한국형 주일가정식탁예배'를 가정에서 실천한 이들은 한 결같이 너무나 좋다는 것이다. 특히 자녀들이 더 좋아하더라는 것이다. 토요일이 되면 예배를 기대하며 기다린다는 것이다. 예상을 뒤엎는 반응이다. 그러면서 한 번 시작하다보니 그 다음부터는 자동적으로 하게 되어 아직까지 한 번도 거르지 않고 하게 되었다고 한다.

그러면서 부모는 부모대로 자녀는 자녀대로 성경적으로 변했다는 것이다. 가장인 아버지는 성경적인 아버지 상으로, 어머니는 성경적인 눈물 있는 여인으로 변하게 되고, 자녀들은 성경적인 효자가 될 뿐만 아니라 영적인 변화를 체험하게 되고, 뿐만 아니라 한국의 수직문화와 예절을 배워 그들의 인성이 변하게 되었다고 한다.

이와 함께 아버지가 자녀에게 성경을 탈무딕 디베이트(Talmudic debate) 방법으로 가르치니 머리가 명석해져서 학교에서 우등을 하는 사례가 늘고 있다는 것이다. '한국형 주일가정식탁예배'를 계속 실천했더니 부모와 자녀 사이에 소통이 너무나 잘되어 세대차이가 없는 것은 물론 인성교육과 성경교육 그리고 IQ교육이란 세 마리의 토끼를 한꺼번에 잡았다는 것이다. 결론적으로 그들은 쉐마교육 속에서 부부 관계는 물론 모든 자녀교육의 문제점을 해결하여 가정이 성경이 말하는 진정한 천국이 되었다는 것이다.

본 예식서가 유대인의 것과 다른 점은?

그런데 저자가 김치남 목사의 가정 사역부터 시작하여 몇 몇 가정을 방문하며 지도를 해주었는데, 여기에서 작은 문제점을 발견하게 되었다. 그들 일부가 자신들이 각자 선한대로 실천하다보니 약간씩 방법이 달랐다. 가족들에게 나누어 주는 주일식탁예배 순서지의 내용들이 달랐다. 교단과 하나님의 말씀을 아는 수준에 따라 어쩔 수가 없었다고 생각한다. 여기에서 신학적 및 교육학적으로 정리된 '한국형 주일가정식탁예배'에 대한 통일된 표준 예식서의 필요성이 제기되었다. 그래서 저자는 표준 예식서를 만들기로 작정하고 그 동안 연구한 모든 자료들을 수집하였다.

먼저 유대인의 안식일 절기 예식을 참조하였다[현용수의 '신앙명가 이렇게 세워라'(쉐마, 2011), 제2권 제6장 '가정 성전과 안식일' 참조]. 그리고 본 표준 예식서를 만들면서 다음 7가지를 충족시키는데 주력했다.

1) 인성교육학적인 입장에서 한국인의 정체성에 필요한 한국의 전통적인 수직문화와 한국인의 예절을 가르치고 있는가?
2) 교육심리학적으로 인간의 5감을 통한 하나님의 말씀과 전통 그리고 역사가 잘 전달될 수 있는가?
3) 교육학적으로 IQ계발에 도움을 주는가?
4) 영성신학적으로 성령님의 임재를 체험할 수 있는가?
5) 성경신학적으로 하나님의 말씀에 근거한 선민교육 방법

인가? 그리고 하나님의 말씀을 자손 대대로 전수할 수 있는가?

6) 구원론적인 입장에서 기독교인의 복음에 충실한가?

7) 가정신학적으로 3대 가족의 행복과 결속이 아름답게 실현될 수 있는가?

저자는 그 동안 하나님이 원하시는 한국인 기독교인에게 맞는 주일가정식탁예배의 모형은 어떤 것일까를 상상해 왔는데, 아마도 본 예식서가 가장 근접한 그 모형이 될 것이다. 그래서 그 동안 본 예식서대로 주일(안식일)을 지켜본 분들이 이구동성으로 교육의 효과가 크다고 증언했을 것이다.

본 한국형 주일가정식탁예배 예식서는 예배학적인 입장에서 초대교회의 유대계 기독교인들이 실천한 이후(행 2:46, 20:7, 11), 이방 기독교인들을 위해서는 처음으로 만들어졌을 것이다. 따라서 신학적으로 민감한 부분들에 대해서는 충분히 설명하려고 노력했다. 그러나 전체를 이해하려면 저자의 저서들(25권)을 참조하기 바란다(후미 참고서적 참조).

저자는 그 동안 저자가 저술한 책을 읽고 강의를 들은 분들로부터 "내용은 좋은데, 그러면 어떻게 실천해야 하느냐?"는 질문을 많이 받아왔다. 저자는 그분들에게 본 예식서가 최종 답이라고 말해주고 싶다.

결론적으로 여기에는 한국인 자녀들에게 필요한 한국인의 인성교육과 성경교육 그리고 IQ+EQ교육이 모두 포함된 종합 절기 교육의 장이 될 것이다. 즉 본서는 유대인 자녀교육의 종합 실천 지침서다.

저자는 이 예식서를 마무리하는 단계에서 신학적인 오류를 줄이고, 효율성을 높이기 위해 많은 분들의 도움을 구했다. 쉐마교육을 실천한 분들의 경험을 수렴하고, 학계의 고용수 박사(전 장신대 총장, 기독교교육학), 김의원 박사(전 총신대 총장), 김진섭 박사(백석학원 부총재, 쉐마교육학회 회장, 구약학), 안병만 박사(고신대원 강사, 실천신학), 남후수 박사(전 고신대원 강사, 고신교단 선교훈련원 원장), 홍성철 박사(고신대원 강사, 신약신학) 그리고 서충원 박사(전 서울신대 교수 및 현 백석대 강사, 조직신학)에게 감수와 조언을 구했다.

독자들 중에는 제2부의 한국형 주일가정식탁예배 예식서가 너무 격식을 차린다고 생각하는 이들이 있을 것이다. 그러나 이 예식서는 하나의 교과서다. 따라서 예식을 실천하는 이들이 각각 상대적으로 적용할 수 있다. 여기에 맞추어 하면 하나님에 대한 예가 더 있어 보일 것이고, 자녀들에게 교육의 효과가 더 많을 것이다. 그러나 처음부터 그렇게 하기가 부담스러우면 한복 대신 양복을 입을 수도 있을 것이다. 더 자유로운 이들은 긴 팔 대신 반소매 와이셔츠를 입을 수도 있을 것이다.

이 글을 쓰는 저자는 매우 감격에 차 있다. 시작하게 하신 하나님이 너무나 세심하게 간섭하시고 도와주셨기 때문이다. 따라서 모든 영광과 감사와 찬송을 우리 주 예수님에게만 드린다.

그 동안 부족한 종을 곁에서 도와준 저의 아내 현(황)복회와 네 아들들(승진, 재진 상진, 호진) 그리고 부족한 본서를 꼼꼼히 읽고 조언과 함께 기꺼이 과분한 서평을 써 주신 김의원 박사, 김진섭 박사, 김경원 목사(박사), 주준태 목사(박사), 안병만 박사에게 감사를 드린다. 이분들은 하나같이 저물어가는 한국교회와 교회교육 그리고 가정교육을 걱정하던 차 본서를 만났다는 것이다.

특히 김진섭 박사, 김경원 박사, 주준태 박사, 안병만 박사는 그 동안 저자의 저서들을 꼼꼼히 읽고 연구한 것은 물론, 저자가 주관하는 쉐마목회자클리닉에서 몸소 공부를 하신 분들이기에 더욱 본서를 기다려 왔다는 것이다. 이외 감수를 해주신 여러분들과 교정을 도와주신 권혁재 목사와 황갑순 제형 그리고 편집을 도와준 손경태 간사에게 감사를 드린다.

아무쪼록 이 예식서가 한국의 가정들과 교회를 살리고, 전 세계의 가정과 교회를 살려 주님의 재림을 준비하는 데 큰 보탬이 되기를 간절히 소원한다.

**주일절기식탁예배의 특징은
저자가 저술한 25권의 책 내용을 실천하는
종합적인 교육의 장이라는 점이다.**

IQ-EQ 총서를 발간하며

무너진 교육의 혁명적 대안을 찾아서

왜 유대인의 IQ+EQ교육은 인성교육+쉐마교육인가

　현대인들은 교육의 문제점은 많이 지적하지만, 속 시원한 대안은 찾지 못하는 시대에 살고 있다. 저자는 오랜 연구 끝에 그 대안으로 온전한 인간교육을 위해 크게 두 가지가 필요하다는 사실을 깨달았다. 하나는 인성교육이고, 다른 하나는 종교교육이다. 기독교인을 예로 든다면, 인성교육을 바탕으로 한 성경적 쉐마교육(기독교교육)을 해야 한다는 것이다.

　따라서 전체 기독교교육은 예수님을 믿기 이전과 이후로 나뉘는데, 이전에는 인성교육을, 이후에는 쉐마교육을 시켜야 한다. 그래서 유대인 자녀교육 'IQ는 아버지 EQ는 어머니 몫이다' 총서는 인성교육론 편과 쉐마교육신학론 편으로 나누어 정리했다.

인성교육론 편(인성교육 노하우 시리즈)
예수님을 믿기 이전: 왜 인성교육은 Pre-Evangelism인가?

　'인성교육론 시리즈'는 전체 7권으로 출간 되었다. - 1. 문화와 종교교육(저자의 박사 학위 논문), 2. 현용수의 인성교육 노하우(전 4권), 3. 현용수의 쉐마교육 개척기, 4. 가정 해체로 인한 인성교육 실종 대재앙을 막는 길 – 7권의 내용은 현대교육의 근본적인 문제점을 분석하고, 해결 방안을 제시한다. 즉 다음 네 가지 질문에 답을 준다.

Q 1. 일반 교육학적 질문: 가르치고 가르쳐도 왜 자녀가 달라지지 않는가? 왜 현대교육은 점점 발달하는데 인간은 점점 더 타락하는가?

그것은 IQ교육 위주의 현대교육이 인성교육에 꼭 필요한 세 가지를 놓치고 있기 때문이다.

– 어떻게 자녀들에게 깊이 생각하게 하는 교육을 시킬 수 있을까?
– 어떻게 자녀들이 바른 행동을 하게 할 수 있을까?
– 수직문화의 중요성과 수평문화의 위험성은 무엇인가?

Q 2. 문화인류학적 질문: 왜 한국인 자녀들이 서양 문화에 물들고 있는가?

한국의 젊은 세대는 거의가 한국인의 문화적 및 철학적 정체성의 빈곤에 처해 있다. 부모들이 인성교육의 본질이 수직문화인지를 모르고 가르치지 않았기 때문이다. 그 결과 세대 간의 가치관 차이가 너무나 다르다. 북미주 한인 2세 자녀들이 부모가 섬기는 교회를 떠난다.

Q 3: 기독교인의 인성 문제: 왜 예수님을 믿는다고 하면서 사람의 근본은 잘 변하지 않는가?

많은 기독교인들이 예수님만 믿으면 모든 인성교육이 잘되는 줄 알고 있다. 그러나 모두 그런 건 아니다. 왜 유교교육을 받은 가정의 어린이들이 기독교교육을 받은 어린이들보다 더 예의 바르고 효자가 많을까? 예수님을 믿고 성령의 은사가 많았던 고린도교회는 왜 데살로니가교회보다 도덕적인 문제가 더 많았을까?

Q 4. 기독교의 복음주의적 질문: 왜 현대인들에게 전도하기가 힘든가?

왜 기독교 가정에서 2세들이 대학을 졸업하면 90% 이상 교회를 떠나는가? 교회학교 교육이 천문학적인 투자에도 불구하고 90% 이상 실패하는 이유는 무엇인가? 왜 현대(2000년대)에는 1970년대 이전보다 복음 전하기가 더 힘든가? 아마 생각 있는 교육자라면 모두가 이런 고민을 안고 살았을 것이다.

한 인간의 마음이 예수님을 믿기 이전 인성교육, 즉 복음적 토양교육이 잘못되었기 때문이다. 예수님의 '씨 뿌리는 자의 비유'에서 말씀하신 네 가지 종교성 토양(길가, 돌밭, 가시떨기, 옥토)(눅 8:4~15) 중 옥토이어야 복음을 영접하기도 쉽거니와 구원을 받은 후 예수님을 닮는 제자화도 되기 쉽다는 말이다. 이를 'Pre-Evangelism'(예수님을 믿기 이전의 복음적 토양 교육)이라 이름했다.

현용수의 인성교육론은
인성교육의 **원리**와 **공식**을 제공한다

쉐마교육신학론 편(쉐마교육 시리즈)
예수님을 믿은 후: 왜 쉐마교육은 Post-Evangelism인가?

　예수님을 영접한 사람에게는 하나님의 형상을 닮아가는 기독교교육을 시켜야 한다. 이를 '성화교육' 혹은 '예수님의 제자교육'이라고도 한다. '신의 성품'(벧후 1:4)에 참여하는 자(partakers of the divine nature)가 되는 과정이다. 이를 'Post-Evangelism'(예수님을 믿은 이후의 성화교육)이라 이름했다. 교육의 내용은 신·구약 하나님의 말씀이다. 예수님 믿기 이전의 좋은 인성교육이 마음의 옥토를 준비하는 과정이라면, 복음과 하나님의 말씀은 그 옥토에 심어야 하는 생명의 씨앗이며 기독교적 가치관이다(물론 기독교 가정에서 태어난 자녀에게는 어려서부터 인성교육과 쉐마교육을 함께 시켜야 한다).

　저자는 성경적 기독교교육의 본질과 원리를 유대인의 선민교육에서 찾았고 그 내용과 방법이 바로 구약의 '쉐마'에 있음을 발견했다. 즉 성경적 교육신학의 본질과 원리가 '쉐마'에 있다는 것이다. '쉐마'는 한 마디로 부모가 자녀에게 말씀을 가르쳐, 자손 대대로 자녀를 말씀의 제자 삼으라는 '구약의 지상명령'이다[저자의 저서 '잃어버린 구약의 지상명령 쉐마'(쉐마, 2006, 2009), 제1권 제1~2부 참조]. 유대인이 아브라함 때부터 현재까지 4,000년 간 하나님의 말씀을 후대에게 전수하는 데 성공한 것은 자녀를 말씀의 제자 삼는 쉐마교육에 성공했기 때문이다(물론 신약시대는 영적 성숙을 위해 신약성경도 필요함).

여기에서 "왜 기독교교육에 유대인 선민교육이 필요한가?" 란 질문이 대두 된다. 신약시대에 복음으로 구원받은 하나님의 선민인 기독교인은 영적 유대인(갈 3:6~9)으로서, 구약에 나타난 선진들(예; 모세, 다윗, 에스라)의 믿음생활과 쉐마교육을 본받아야 한다(히 11장). 예수님도 유대인으로 태어나셔서 유대인의 선민교육(쉐마교육)을 받고 자라셨으며 제자들에게도 그 교육을 시켰다(마 23:1~4). [더 자세한 내용은 저자의 저서 '부모여 자녀를 제자 삼아라'(쉐마, 2005), 제1권 제1장 '왜 기독교교육에 유대인 자녀교육이 필요한가'의 '성경신학적 입장' 참조]

기독교의 제자교육에는 교회에서 타인을 제자 삼는 수평적 제자교육과 가정에서 자녀를 제자 삼는 수직적 제자교육, 두 가지가 있다. 유대인의 쉐마교육에는 전도에 필요한 복음은 없지만, 자녀를 제자 삼는 교육의 원리와 방법이 있다. 이 원리와 방법은 타인을 제자로 삼는 데도 적용할 수 있다. 먼저 가정에서 자녀를 제자 삼을 수 있는 지도자가 된 후에 타인을 제자 삼는 지도자가 성경적 지도자의 모델이다.

저자는 구약의 지상명령 쉐마를 성취하기 위해 필요한 쉐마 교육신학들을 다음과 같이 정리했다.

쉐마교육신학론 주제들(쉐마교육 시리즈)
1. 왜 유대인의 선민교육이 기독교교육에 필요한가?
2. 구약의 지상명령 쉐마(교육신학)
3. 자녀신학
4. 유대인의 가정교육(가정신학)
5. 유대인의 아버지 교육(아버지신학, 경제신학)
6. 유대인의 어머니 교육(어머니신학)
7. 성경이 말하는 남과 여, 한몸의 비밀(부부·성신학)
8. 유대인의 효도교육(효신학)
9. 유대인의 고난의 역사교육(고난의 역사신학) 등.

이것은 구약성경에 근거한 기독교교육의 새로운 패러다임이며 대안이다. 또한 개혁주의 입장에서 신약 교회가 적용할 수 있도록 정리했다.

왜 인성교육론이 'Know-Why'라면 유대인의 쉐마교육신학론은 'Know-How'인가?

유대인 자녀교육의 우수성은 이미 역사를 거듭하면서 증명되었다. 그러나 두 가지 의문이 아직까지 남아 있다.

첫째, 그것이 왜 우수한지에 대한 교육학적, 심리학적 및 철학적 이유를 설명하지는 못했다.

둘째, 왜 유대인 자녀교육이 기독교교육에 필요한지 그 이유를 설명할 수 있는 확실한 교육신학적 해답을 제공하는 데 미흡했다.

두 가지 의문 중 전자에 대한 답이 '인성교육 노하우 시리즈'라면, 후자에 대한 답은 '쉐마교육 시리즈'다. 왜 유대인 자녀교육이 한국인에게 필요한지를 설명한 '인성교육 노하우 시리즈'가 'Know-Why'라고 한다면, '쉐마교육 시리즈'는 'Know-How'가 될 것이다. 원인을 밝히고 당위성을 설명하는 'Know-Why'가 있기에 쉐마교육인 'Know-How'가 더 힘을 받아 자신과 자신의 가정 그리고 교회에서 적용될 수 있다.

현재까지 천문학적 돈을 교육에 투자하고도 교육의 열매가 바람직하지 못한 것은 교육의 원리와 공식을 발견하지 못했기 때문이다. 물론 현대 기독교교육의 이론이 모두 필요 없다는 뜻은 아니다. 인간교육과 교회성장 위기의 근본 대안이 인성교육 + 쉐마교육이라는 뜻이다.

처음 국민일보에서 초판 2권(1996년, 23쇄), 조선일보에서 개정2판 3권(1999년, 19쇄)으로 출간됐던 유대인 자녀교육서 '*IQ는 아버지 EQ는 어머니 몫이다*'가 하나님의 은혜와 교계의 열화 같은 성원에 힘입어 지금까지도 스테디셀러인 것에 감사드린다. 그러나 소수이긴 하지만 목회자들과 신학자들께서 까다로운 질문도 했다. 그도 그럴 것이 구원론과 관계없는 인성교육에 관한 수직문화와 수평문화에 대해, 그리고 기독교가 2,000년 간 원수처럼 여겼던 복음도 없는 유대인의 교육을 이해하기란 쉽지 않았을 것이다. 덕분에 저자는 계속 연구에 연구를 거듭하는 계기가 되었다.

긴 학문의 순례를 마치는 기분이다. 처음 개척한 분야이기에 더 많은 연구가 필요하다. 그리고 쉐마가 주님의 종말을 준비하는 세계선교까지 가려면 갈 길은 아직 멀었다. 이제 하나님의 은혜로 많은 오해도 풀렸다. 많은 쉐마 동역자들의 도움으로 쉐마교육이 파도처럼 번지고 있다.

이 연구는 분명히 하나님의 지혜로 하나님께서 하셨다. 세세토록 영광 받으실 오직 우리 주 예수님께만 감사와 찬송과 영광을 드린다.

2013년 8월 광복절을 앞두고
미국 West Los Angeles 쉐마교육연구실에서
저자 현용수

제1부

| 기존 가정예배의 한계와
유대식을 모델로 한
한국형 주일가정식탁예배의 필요성 |

〈참고: 본 내용은 '성경이 말하는 어머니의 EQ교육'(쉐마, 2013년) 제2권 제5부 제2장에 게재된 내용을 수정 증보하여 다시 옮긴 것임〉

Ⅰ. 문제 제기: 한국식 가정 예배, 왜 실천하기 힘든가
Ⅱ. 현대에 한국식 가정예배가 더 힘든 이유
Ⅲ. 가정예배는 공동체 교회 예배보다 덜 중요한가
Ⅳ. 유대인식 안식일 가정식탁예배의 특징
Ⅴ. 유대인식 안식일 절기를 한국형 기독교식으로 바꾸는 이유
Ⅵ. 결론

I. 문제 제기: 한국식 가정예배, 왜 실천하기 힘든가

1. 세대차이가 있는 한국식 가정예배의 한계

유대인이 아브라함 이후 현재까지 살아남게 된 가장 큰 이유는 그들이 가정에서 안식일을 잘 지켰기 때문이다. "안식일을 잘 지킨다"는 그 말의 중심에는 유대인식 가정식탁예배가 있다. 그만큼 유대인의 신앙생활에 가정식탁예배는 가정의 신앙을 지키고 자녀들에게 하나님의 말씀과 역사와 전통을 자손 대대로 전수하는 데 지대한 공헌을 했다. 예배와 교육이 있기 때문이다.

따라서 저자는 한국식 가정예배의 장단점을 점검해 보고, 문제가 무엇인지를 발견하여, 그 대안으로 유대인식 가정식탁예배를 연구하여 한국인 기독교인에 맞는 한국형 주일가정식탁예배를 개발하고자 한다.

한국식 가정예배는 유대인식 안식일 가정식탁예배에 비해 과거에는 상대적이지만 가족의 신앙 증진과 다음세대에 신앙을 전수하는 데에 많이 공헌했다. 그러나 현대에는 한계를 많이 드러내고 있다. 이것은 한국식 가정예배적 입장에서 과거와 현대에 세대차이가 많이 난다는 것을 뜻한다.

그 이유를 한 가지 예화를 소개하며 설명해 보자.

쉐마목회자클리닉에 참석했던 보수 합동측 K 목사님의 아들이 현재 총신대 신대원 졸업반에 있다. 그가 아버지의 권유로 쉐마목회자클리닉에 참석한 후 간증문을 쓸 때, 이렇게 고백한 적이 있다.

자신은 신학교를 다니는 동안 사귀던 여성과 여름 방학 기간에 결혼을 했다고 했다. 그리고 신혼여행을 갔다오자마자 아내가 가정예배를 드리자고 졸라 어쩔 수 없이, 다음날 아침에 잠옷 차림으로 참석을 해주었다고 한다.

가정예배는 한국식으로 잘 아는 찬송가 하나를 대충 부르고, 사도신경을 암송한 후 성경 몇 절을 성의 없이 읽고 대충 마쳤다고 했다. 그런데 그 다음 날은 아내가 출근을 해야 한다며, 더 일찍이 잠을 깨우며 가정예배를 드리자고 졸랐다는 것이다.

그래서 전도사라는 체면도 있고 해서 할 수 없이 일어나기는 일어났는데, 졸린 얼굴로 세수도 하지 않고 속옷(러닝셔츠에 팬츠)만 입고 참석을 했다고 한다. 그리고는 어제보다 더 성의 없이 예배를 드렸다고 했다. 그 후에는 아내가 다시는 가정예배를 드리자고 하지 않았다고 했다.

그 학생에 의하면, 현재 신대원 학생들조차도 교회에서 드리는 새벽예배를 잘 참석하지 않을 뿐만 아니라, 가정예배는 더구나 더 드리기가 힘들다고 한다. 소위 하나님으로부터 부름 받은 사명자들도 이럴진대, 평신도는 얼마나 더 힘들겠는가? 여기에 소개한 학생은 군대도 갔다 온 매우 착한 학생이었다.

물론 젊은이들 가운데도 가정예배를 신실하게 잘 드리는 경우도 있겠지만, 대부분은 그렇지 못하다는 것이다. 그리고 여기에서 거론하는 평일 드리는 한국식 가정예배가 일주일마다 드리는 유대인식 안식일 가정식탁예배와는 차이가 나겠지만 주일 저녁에 드리는 한국식 가정예배도 평일에 드리는 가정예배와 대동소이하리라고 생각한다.

전도사라는 체면도 있고 해서 할 수 없이 일어나,
졸린 얼굴로 세수도 하지 않고 속옷(러닝셔츠에 팬츠)만 입고,
가정예배에 참석했다고 한다.

2. 한국식 가정예배의 뿌리

가정교회의 시작은 사도행전에 나타난 초대교회 때부터 있었다고 보아야 한다. 그리고 저자는 그 뿌리는 유대교에서 근거를 두었다고 했다(현용수, '신앙명가 이렇게 세워라'(쉐마, 2011), 제2권 제7장 참조).

한국식 가정예배의 뿌리는 어디에서 왔는가? 130여 년 전 북미주 선교사들이 복음을 갖고 한국에 들어 올 때 함께 가지고 왔다. 물론 교회사적으로는 서양의 개신교 이전에 천주교식이 있겠지만, 신약시대에 유대교식의 가정신학이 개발되지 않았던 점을 미루어보아 천주교식이나 개신교식이나 대동소이 할 것으로 짐작된다.

개신교식 가정예배는 어디에서 시작되었나? 서구 장로교의 본산지인 스코틀랜드 장로교 총회의 가정예배 서문의 글을 참조해 보자('진리의 깃발', 62호 34쪽~46쪽, 번역: 김준범).

스코틀랜드 교회 총회는 1647년 웨스트민스터 신앙고백을 자신들의 신앙고백과 교리표준으로 받아들이기 3일 전[가정예배 모범(The Directory for Family Worship)]을 마련하여 인준하였다.

웨스트민스터 신앙고백 21장 6절은 하나님께 모든 곳에서 예배하되 신령과 진정으로 할 것이며, 가정에서는 매일 또는 은밀하게는 각 사람이 홀로 드릴 것이며 그와 같이 공동 집회에서는 더욱 엄숙하게 예배할 것이니, 부주의해서나 고의적으로 하나님께서 그의 말씀과 섭리로 예배에 부르시는 것을 경홀히 하거나 버리지 말아야 할 것이라고 고백하고 있다.

또한 청교도들에게 있어서도 가정예배는 가장 중요한 일상생활의 일들 가운데 하나였다. 그들은 아침저녁으로 가정예배를 드렸으며, 그 집안에 있는 사람이면 누구든지 예배에 참석하도록 요구되었다. 그들은 세상에서 일하기 위해 집을 나가기 전 아침에 함께 모여 예배하였다.

기도로 시작한 뒤에 성경을 읽고 종종 읽은 본문에 관한 짧은 교훈을 하고 했는데, 이때 가르쳐지는 교훈은 매우 신중하게 준비된 원고를 가지고 하거나 책의 일부분에서 발췌되었다. 시편 찬송은 아침 예배 때 포함되었다.

필립헨리(Philip Henry)는 말하기를, "아침과 저녁에 가정에서 기도하는 것은 잘 하는 것이고, 기도하고 성경을 읽는다면 이것은 더 잘 하는 것이며, 기도하고 성경을 읽고 시편찬송을 부르는 것은 제일 잘하는 것이다"라고 하였다(http://blog.daum.net/kim-home/10441084).

그런데 현재 미국의 기독교인들은 자신들이 자라온 다양한 기독교 전통에 따라 다르겠지만, 특정한 형식 없이 저녁 식사 시간에 식탁에서 간단하게 성경 구절을 읽고 그 말씀에 대하여 나누는 이들이 많다. 그러나 대부분은 일주일에 한 번씩 교회에 참석하는 것으로 자신의 신앙생활을 만족하는 이들이 늘고 있다.

오히려 현재 가정예배의 형식적인 면에서는 일반적으로 서양식이 한국식보다 훨씬 더 약하게 보이고, 경건 면에서도 약하다.

왜냐하면 한국식은 유교식 수직문화가 가미되었기 때문에 매우 경건한 면이 많기 때문이다. 한 가지 예로, 한국인은 식사기도를 대표로 할 때도 매우 간절하게 그리고 길게 하는데, 미국인은 매우 짧게 그리고 대충 하는 경향이 있다.

이런 면에서 한국식 가정예배 전통은 새벽예배 전통과 함께 서양의 교회보다 매우 훌륭하다고 볼 수 있다. 이런 장점들이 사라지고 있는 현실이 안타깝다.

개신교식 가정예배는 어디에서 시작되었나?

3. 한국식 가정예배와 유대인식 안식일 가정식탁예배, 어느 것이 더 성경적인가

어떤 이는 저자가 유대인식 안식일 절기식탁예배를 기독교인에 맞는 주일 절기식탁예배로 바꾸어 소개하자 이런 질문을 했다.

"현 교수님이 한국식 가정예배를 너무 과소평가하는 것이 아닙니까?"

이 질문 속에는 유대식 안식일 가정식탁예배만 좋은 것이 아니라, 그 동안 한국식 가정예배로도 효과를 본 이들이 많이 있다는 얘기다. 그러니 굳이 바꿀 필요가 있겠느냐는 것이다. 물론 전혀 틀린 말은 아니다. 그러나 가정예배도 그 내용과 방법에 따라, 어느 것이 더 좋은지는 상대적이다.

어느 것이 더 유익하고 좋은 것이냐를 결정짓는 데는 다음의 두 가기 질문을 만족 시켜야 한다.

첫 번째 질문은 유대인식 안식일 가정식탁예배와 한국식 주일 가정예배 중 어느 것이 더 성경적이냐 하는 것이다. 이 질문에 대한 답은 저자가 이미 저자의 저서 '*신앙명가 이렇게 세워라*'(쉐마, 2011), 제2권 제7장에서 유대인식 안식일 가정식탁예배가 더 성경적이라고 설명했기 때문에 여기에서 다시 논하는 것은 피한다.

두 번째 질문은 신학적 및 교육학적으로 어느 것이 더 효과적이냐 하는 것이다. 여기에 대한 답은 유대인식 가정식탁예배가 이미 아브라함 이후 약 4000년 동안 역사적으로 검증되었을 뿐만 아니라, 유대인식 가정식탁예배의 공헌으로 현대의 강한 수평문화 속에서도 정통파 유대인의 가정이 건강하게 세대차이 없이 자손대대로 말씀과 역사 그리고 전통이 전수되고 있다는 데에서 그 우수성을 확인할 수 있다.

이것은 유대인식 가정식탁예배는 하나님이 성경에 지시한 근거에 의해 만들어 진 것이기 때문에 하나님의 교육 방법이 인간이 만든 어떤 교육 방법보다 가장 좋다는 것이 증명되었다는 것을 뜻한다.

(저자 주: 두 가지 질문에 대한 추가 설명은 IV항 '유대인식 안식일 가정식탁예배의 특징'에서 1. '하나님이 유대인에게 예배의 형식을 만들게 하셨다'와 2. '교육의 내용도 탁월하지만 형식도 탁월하다' 참조 바람)

그렇다면 개신교 교단들 중에서는 유대인식으로 가정식탁예배를 드리는 교단은 전혀 없는가? 상대적이긴 하지만 화란계 장로교 기독교인이 유대인식 가정식탁예배를 접목하여 경건한 가정예배를 드린다.

그들의 신앙생활은 정통파 유대인들과 비슷한 면들이 매우 많다. 가정에 TV가 없고, 주일에 가정식탁예배를 드린다. 그리고 부모가 자녀를 직접 가르친다.

그런 영향으로 그들이 세운 신학교가 칼빈신학교인데, 그 학교가 위치한 미시건 주 그랜드 래피드(Grand Rapid, MI)에는 아직도 보수 기독교가 건재하다. 비교적 기독교 가문의 수명이 다른 교단들보다 훨씬 길다.

이에 비해 다른 미국 장로교들과 감리교들은 그들이 세운 신학교들과 신앙인들의 삶이 매우 진보적으로 변하여 다음 세대 신앙전수에 위기를 맞고 있다. 특히 가정교육 대신에 주일학교 교육을 강조하는 교회들은 수명이 많이 짧아지고 있다.

"현 교수님이 한국식 가정예배를
너무 과소평가하는 것이 아닙니까?"

II. 현대에 한국식 가정예배가 더 힘든 이유

왜 유대인식 안식일 가정식탁예배는 과거나 현재나 동일한 교육 효과를 내는데, 한국식 가정예배는 과거에 비해 현대에는 효과를 보기 힘든가? 다시 말하면, 50대 이상의 분들은 비교적 한국식 가정예배를 잘 드리고 있는데(2013년 기준), 왜 젊은이들에게는 그것이 힘이 드는가?

50대 이상의 분들은 젊은이들에 비해 수직문화가 강하기 때문이다. 수직문화가 강하면 하나님을 섬기는 마음의 자세가 강할 뿐만 아니라, 예배드리는 자세도 매우 진지하다. 따라서 그들은 가정예배를 드릴 때, 두렵고 떨리는 마음으로 정장을 하고 옷깃을 여미고 하나님께 예배를 드리는 것이 습관화되어 있다. 그리고 기도를 할 때도 하나님을 경외하는 마음으로 무릎을 꿇고 기도를 드린다.

그러나 수평문화에 물든 젊은 세대는 마음의 자세도 약할 뿐만 아니라, 예배드리는 자세도 진지하지 못하다. 하나님을 섬기는 정신세계가 수직문화에 속한 사람과 수평문화에 속한 사람이 그만큼 다르기 때문이다. 전자는 강하고 후자는 약하다. 물론 신앙의 강도도 전자가 후자보다 훨씬 더 강하다(현용수, '문화와 종교교육', 2007, pp. 222-243). 저자가 인성교육학적인 입장에서 자녀들에게 수직문화를 가르치라고 권하는 이유가 여기에 있다.

[더 자세한 내용은 저자의 저서 '문화와 종교교육'(쉐마, 2007, pp. 222-243)과 '현용수의 인성교육 노하우'(동아일보, 2008), 제1권과 제2권 제2부 '인성교육의 본질과 원리: 수직문화와 수평문화' 참조]

다른 이유도 있다. 50대 이상의 부모들이 가정예배를 드릴 때 자녀들에게 대부분 자발적인 유도가 아닌 강압적인 방법으로 참석하게 했기 때문에, 그런 환경에서 자란 자녀들은 성장한 이후 가정예배로부터 자유함을 얻고 싶어 하는 심리가 많기 때문이기도 하다. 이것은 부모가 자녀들을 가르칠 때 가르치는 방법에 문제가 있다는 것을 뜻한다.

50대 이상의 분들은 가정예배를 잘 드리고 있는데, 왜 젊은이들에게는 그것이 힘든가?

III. 가정예배는 공동체 교회 예배보다 덜 중요한가

1. 가정 성전의 기원이 공동체 성전의 기원보다 650년 앞선다

[저자 주: 본 주제에 대해서는 저자의 저서 '신앙명가 이렇게 세워라'(쉐마, 2011), 제1권 제2장 II. '유대인의 장막으로 풀어 본 가정 성전'에 실린 내용을 요약한 것임]

성전에는 두 가지 종류가 있다. 가정 성전과 공동체 성전이다. 모두 하나님께서 제정하신 거룩한 기관이다. 교회론적인 입장에서 성전은 무엇인가? 간단히 말하면, 하나님이 거주하시는 장소(dwelling place)다.

유대인의 가정 개념은 장막에서 시작 되었다. 하나님이 임재하시는 장막은 성전이다. 그림은 아브라함이 거주했던 장막의 모습. 하나님의 임재와 빵과 촛대가 보인다.
이 개념이 발전 된 것이 모세가 지은 시내산 성막이다.

두 가지 성전(교회)의 역사

시대 구분	성전 구분	가정 성전	공동체를 위한 성전
구약시대	에덴동산	**아담과 하와의 가정** 최초의 성전(실패한 가정교육) ↓	없 음
구약시대	족장시대	**아브라함과 사라의 가정** 에덴동산에서 추방당한 후 최초의 성전(성공한 가정교육) 구약의 지상명령 시작(창 18:19) ↓	없 음
구약시대	출애굽 이후	**이스라엘 백성들의 각 가정** 지상명령 쉐마(신 6:4~9) (성공한 가정교육) ↓ ↓	**광야의 성막** 이스라엘 민족의 공동체 교회 (출 25:1~31:18, 35:1~40:38) ↓ ↓ **예루살렘 성전** 솔로몬이 지은 성전 (왕상 5:1~8:66; 대하 2:1~7:22)
신약시대		**기독교인들의 각 가정** 예수님을 구주로 믿는 성도들	**예루살렘 교회들** 사도행전 2장 성령 강림 후

　　신약에서는 교회를 희랍어로 '에클레시아'(ekklesia, called out)라고 하는데, '하나님께서 불러 모은 회중(assembly)'이란 뜻이다. 물론 이 뜻은 구약적인 개념으로 '하나님께서 불러 모은 이스라엘의 회중'으로 사용할 수 있다. 오늘날 유대인의 회당(시나고그)이 그런 뜻이다.

가정에서 부모가 안식일 절기를 지키며 자녀에게 말씀을 전수하는 유대인 가정 성전

사진 설명: 구약의 지상명령은 가정 성전의 식탁에서 실천된다(상).
그러나 신약의 지상명령은 공동체 교회에서 실천된다(하).

교회 공동체(빌딩)에서 예배드리는 신약교회 성도들

[참고: 구약에는 교회라는 단어가 구체적으로 없다. '에클레시아'와 비슷한 단어로 '카할'(히브리어)이 있다]

이것은 구약에는 성전이란 개념으로 장소를 중요하게 여기고, 신약에는 교회란 개념을 '하나님(그리스도)에게 속한 백성들'에 초점을 맞추었다고 볼 수 있다. 물론 이 두 가지는 구약이나 신약의 성전의 개념을 정리하는 데 모두 해당되는 내용이다. 하지만 여기에서는 구약적인 개념으로 교회를 가정 성전과 공동체 성전으로 나누어 설명하겠다.

가정 성전의 기원은 언제부터인가? 아담과 하와가 죄를 짓기 이전에 에덴에 있었던 그들의 '가정' 혹은 '집'(בַּיִת, bayit, 베이트)'이 성전이었다. 아담과 하와가 죄를 지은 이후에는 가정 성전도 없어졌다. 그 이후 첫 번째 가정 성전은 믿음의 조상 아브라함과 사라의 가정이다. 그 후 가정 성전은 그의 후손 이삭과 야곱 3대뿐만 아니라 자손대대로 이어져 왔다(Vine, *An Expository Dictionary of Biblical Words*, 1985, pp. 117~118).

공동체 성전의 기원은 언제인가? 아브라함 이후 약 650여 년 이후 모세의 때에 처음으로 세워졌다. 이스라엘 백성들이 출애굽을 한 이후 광야에서 하나님의 명령대로 지은 성막(출 25:1-31:18, 35:1-40:38)이 최초의 성전(교회)이다.

내가 그들 중에 거할 성소(a sanctuary)를 그들을 시켜 나를 위하여 짓되 무릇 내가 네게 보이는 대로 장막(the tabernacle)의 식양과 그 기구의 식양을 따라 지을지니라. (출 25:8~9)

히브리어로 성막을 '미쉬칸'(מִשְׁכָּן, miskan, tabernacle)이라고 하는데, 그 뜻도 '거하는 장소'(dwelling place)다. 여기에서 가정 성전이나 공동체 성전 모두를 '장막'(미쉬칸, מִשְׁכָּן)이라고도 하는데, 그 뜻은 '성소'(Sanctuary), 혹은 '성막'이다(앞의 책, p. 254).

신약시대의 공동체 교회의 기원은 사도행전 2장 오순절 다락방에서 120문도들이 성령님을 받은 이후에 탄생되었다.

2. 왜 가정 성전에도 공동체 성전처럼 제사장이 필요한가

하나님으로부터 부름 받은 백성들이 성전에서 해야 할 가장 중요한 의무는 무엇인가? 그것은 창조주 여호와 하나님에게 예배를 드리는 것이다. 예배를 드리기 위해서는 무엇이 필요한가?

예배학적으로 성경에 근거한 예배를 드리기 위한 제사장이 있어야 한다. 제사장은 그 공동체의 머리여야 한다. 그리고 가족 공동체와 공동체 성전에 속한 이들을 위하여 축복할 수 있는 권한이 있어야 한다.

[자세한 내용은 저자의 저서 '자녀의 효도교육 이렇게 시켜라'(쉐마, 2010), 제3부 제2장 '부모의 권위와 머리의 축복권(헤드쉽의 원리)' 참조]

그렇다면 가정 성전과 공동체 성전의 제사장은 누구여야 하는가? 가정 성전에서는 가장인 아버지가 머리이고 제사장이다. 성경적인 근거로는 아버지인 이삭과 야곱이 자녀에 대한 축복권을 행사한 것을 보아 알 수 있다(창 27장과 48장 참조). 그리고 공동체 성전에서는 아론의 후손만이 제사장의 자격이 있었다(출 29: 1-25). (물론 다른 예외도 있지만 여기에서는 논쟁을 피한다.)

그렇다면 신약시대의 가정 성전과 공동체 성전의 제사장은 누구여야 하는가? 당연히 가정 성전에서는 구약의 유대인처럼 아버지가 머리이고 제사장이어야 하고, 공동체 성전에서는 목회자여야 한다.

가정 성전과 공동체 성전의 제사장 비교

구 분	가정 성전의 제사장	공동체 성전의 제사장
구약시대 유대인	가정의 가장인 아버지	아론의 후손
	이삭과 야곱의 자녀 축복권 참조 (창 27장과 48장)	출 29:1-25
신약시대 기독교인	유대인의 것이 없어짐	교회의 목회자
질 문	구약의 유대인에게는 가정 성전과 공동체 성전의 제사장이 있는데, 왜 신약의 기독교인에게는 공동체 성전에만 제사장(목회자)이 있는가? 왜 가정 성전의 제사장은 없는가?	

그런데 현실은 공동체 성전의 제사장은 목회자로 인정하는데, 가정 성전의 제사장을 아버지가 맡아야 한다는 데는 의견이 분분하다. 왜냐하면 성경에 누가 가정의 제사장인지 구체적으로 명기하고 있지 않기 때문이다. 어떤 이는 어머니가 제사장이 될 수도 있지 않느냐고 제안하기도 한다. 그렇다면 막내딸이 제사장직을 맡으면 어떠냐고 제안할 수도 있다.

따라서 신약시대에도 구약의 지상명령이 회복되어야한다는 전제 하에서 당연히 가정 성전에서는 아버지가 제사장이 되어야 하는 것이 맞다고 생각한다. 바울도 아내의 머리는 남편이라고 말했다(엡 5:23).

> 이는 남편이 아내의 머리 됨이 그리스도께서 교회의 머리
> 됨과 같음이니 그가 친히 몸의 구주시니라. (엡 5:23)

가정에는 머리를 중심으로 질서가 있어야 한다. 하나님은 어지러움의 하나님이 아니시요 오직 화평의 하나님이시다(고전 14:33). 화평은 질서를 지키는 데서 온다.

3. 가정예배에 아버지가 분잔과 분병을 할 수 있는 두 가지 이유 (가정예배의 분잔과 분병은 교회의 성찬식과 기원과 목적이 다르다)

질문: 구약의 평신도 유대인의 아버지는 가정 성전에서 가족에게 분잔과 분병을 할 수 있는데, 왜 신약의 기독교인 아버지에게는 금하는가?

가정 성전의 제사장이나 공동체 성전의 제사장은 그들의 고유 직무가 있다. 그 중 하나가 '제사'(예배)를 집례하는 직무와 성찬식을 집례하는 직무다. 이런 제사장의 직무는 신약시대에도 동일하게 이루어져야 한다.

그런데 가정 성전에서 아버지가 가정 예배를 드릴 때 분잔과 분병 예식을 집례하는 것에 대해서는 많은 기독교지도자들이 우려하고 있다. 목사 안수를 받지 않은 평신도가 어떻게 가정에

서 성찬식을 집례할 수 있느냐는 것이다. 이런 우려에는 몇 가지 오해가 있기 때문이다. 우선 교회의 성찬식과 가정의 애찬식은 다르다. 더 자세히 설명해 보자.

첫째, 이미 앞에서 설명한 대로 신약시대에도 가정 성전의 제사장은 아버지이기 때문에 아버지가 가정에서 자녀들에게 안수를 할 수도 있고, 축복을 할 수도 있다. 그 모형은 유대인의 안식일 절기 순서에서 자세하게 살펴볼 수 있다. [저자의 저서 '신앙명가 이렇게 세워라' (쉐마, 2011), 제2권 제6장 '가정 성전과 안식일' 참조]

둘째, 주일가정식탁예배에서 가장이 집례하는 애찬식과 교회에서 집례하는 성찬식은 다르다. 혼동해서는 안 된다. 혼동을 막기 위해서는 주일가정식탁예배의 모형인 유대인의 안식일 가정식탁예배의 순서에 있는 분잔과 분병 예식이 공동체 교회의 성찬식과 근본적으로 기원과 목적 그리고 집례자, 시기, 대상, 방법 등에서 다르다는 것을 설명해야 한다.

유대인의 안식일 가정식탁예배의 순서에 있는 분잔과 분병 예식은, 그 기원이 구약시대 선민의 조상 아브라함과 이삭과 야곱의 족장시대부터 시작되었다. 유대인들은 출애굽 때부터가 아니라 아브라함 때부터 가정예배에서 분병과 분잔을 했다고 믿는다(앞의 1항 그림 참조). 교회론적 입장에서 보면, 성경적으로 가정 성전이 신약시대의 공동체 교회(성전)보다 약 2000년 이상 먼저 탄생되었다. [자세한 것은 제1부 III. '가정 예배와 공동체 교회 예배의 기원'이나 저

자의 저서 '*신앙명가 이렇게 세우라*'(쉐마, 2011), 제1권 제2장 '가정은 왜 성전인가' 참조]

그러나 성찬식의 기원은 예수님이 돌아가시기 전 유월절 전날 밤에 제자들 앞에서 분잔과 분병 예식을 집례하심(마 26:18-28; 눅 22:12-22)으로 말미암아 신약시대 교회의 성찬식으로 제정되었다(고전 11:23-26).

분잔과 분병의 첫 집례자와 대상도 다르다. 전자는 예수님이 오시기 2000년 이전부터 아브라함과 사라의 가정 성전에서 아버지인 아브라함이 가족들에게 첫 번째로 집례한 것이라면, 후자는 예수님이 가족에게가 아니라 그분께서 몸소 이웃에게 전도하신 12제자들에게 첫 번째로 집례하신 것이다.

분잔과 분병의 목적도 다르다. 안식일 가정식탁예배 분잔과 분병의 목적이 아브라함과 사라의 가정에서 가족을 위해 시작되었다면, 교회의 성찬식은 예수님께서 공동체 교회를 위해 제정하신 것이다.

전자가 가정에서 구약의 지상명령을 실천하기 위한 것이라면, 후자는 신약의 지상명령을 실천해서 얻은 구원받은 성도들에게 구원론과 관계된 출애굽기 12장의 흠 없는 양의 피와 양고기에 초점이 맞추어져 있다. 즉 세상 죄를 지고 가는 하나님의 어린 양, 예수 그리스도의 구속을 조명한다(요 1:29). 이런 논리는 구약시대 공동체 교회인 성막에서 제사장이 이스라엘 백성의 죄를 사하기 위하여 속죄양을 잡는 예식과도 비교된다(레 1:3-17).

전자가 가정 성전의 제사장인 아버지가 여호와 하나님에 대

주일가정식탁예배와 교회 성찬식의 분잔과 분병의 차이

구 분	안식일 가정식탁예배의 분잔과 분병	성찬식의 분잔과 분병
기 원	아브라함과 사라의 가정 성전	예수님이 유월절에 제정하심 (마 26:18-28; 눅 22:12-22)
대 상	구약시대 가족에게	예수님의 첫 대상: 예수님이 전도하신 12제자들에게
	교회 시대 가족에게	교회 성도들에게
목 적	가정과 가족을 성결케 하고 신앙을 확인하여 경건한 자손으로 키우기 위함	출 12장의 유대인을 위해 속죄양을 잡는 유월절에서 출발. 포도주와 떡은 예수님의 피와 살을 상징 (마 26:18-28; 요 1:29)
	구약의 지상명령을 실천하기 위함	신약의 지상명령으로 태동된 교회의 신앙 공동체를 위함
장 소	성전인 가정	공동체 교회
시 기	매주 안식일에	교회 절기 성찬식 때에
집례자	가정의 제사장 아버지	교회의 목자(목사나 사제)
질 문	구약의 유대인 아버지는 가정 성전에서 분병과 분잔을 하는데, 왜 신약의 기독교인(평신도)의 아버지는 할 수 없는가?	

한 가족의 신앙을 확인하고 자녀를 경건한 자손으로 키울 목적 (말 2:15)으로 가족에게 집례했다면, 후자는 신약시대에 공동체 교회의 목회자인 담임 목사나 사제가 교인들에게 예수님께서 그들의 죄를 구속하기 위해 흘리신 피와 살을 기억하고 예수님과 하나 되어 성결한 삶을 살게 하기 위해 그리고 경건한 자손

으로 양육하기 위해 집례했다.

분잔과 분병의 형식도 다르다. 전자는 가정 성전에서 안식일에 가정예배의 형식에 사용된 것이고, 후자는 유대인의 유월절에 유월절 형식으로 예수님께서 집례하신 것이다.

이런 차이는 현재 정통파 유대인 가정에서도 발견된다. 안식일 가정식탁예배와 유월절 가정식탁예배는 크게 다르다. 전자는 매주 돌아오는 것이지만, 유월절은 일 년에 한 번 돌아오는 큰 명절로 지킨다. 전자는 매주 돌아오는 안식일 가정식탁예배이지만 후자는 출애굽기 12장에 언급된 대로 애굽에서의 고난을 기억하고 10가지 재앙을 기억하고 양을 잡는 이유를 설명하는 예식으로 가득하다.

분잔과 분병의 장소와 시기도 다르다. 전자는 매주 안식일에 가정에서 집례하지만, 후자는 공동체 교회에서 1년 중 교회 절기력에 맞추어 성찬식 때에만 집례한다.

이런 측면들을 고려한다면 신약시대의 공동체 교회에서 하는 성찬식에서는 예수님처럼 마땅히 목사가 분잔과 분병을 집례해야만 하지만, 가정 예배에서는 성찬식이 아닌 애찬식으로 가장이 애찬을 나누며 주님의 죽으심의 의미를 권속들에게 설명하며 기념해도 무리가 아니라고 본다.

그러나 여기에서 성경적으로 확실하게 집고 넘어갈 것이 있다. 사실은 성찬식 분잔과 분병의 모형인 유월절 떡과 잔의 분배도 본래 공동체 성전이 아니라 가정 성전에서 가장의 집례로 시행되었다는 것을 기억해야 한다. 유월절 절기 자체가 공동체 교회의 예식이 아니라 가정에서 드리는 가정 예식이기 때문이다. 따라서 초대교회도 교인들이 모일 때는 공동체 교회인 성전에서(in the temple) 모였지만, 떡은 집에서 집으로 돌아가며 떼었다(breaking bread from house to house)(행 2:46). 초대교회도 교인들 자체가 대부분 유대인들이었기 때문이다.

유대인의 안식일 가정식탁예배의 순서에 있는 분잔과 분병 예식은
예수님이 유월절에 제정하신 성찬식과
기원과 목적 및 방법 등에서 근본적으로 다르다.

4. 가정예배의 자료가 빈곤한 이유

질문: 왜 구약의 선민 유대인에게는 가정 성전에 관한 자료가 풍부한데 신약시대 성도들에게는 가정 예배에 관한 자료가 빈곤한가?

앞에서 예배를 드리기 위해서는 제사장이 있어야 한다고 했다. 이외에 예배학에 맞는 예배의 내용과 형식도 있어야 한다. 그런데 이해하기 힘든 것이 있다. 성경에 공동체 교회의 예배를 위한 내용과 형식에 관한 자료는 많은데(예: 성막이나 솔로몬 성전 등), 가정 성전을 위한 예배의 내용이나 형식에 관한 자료는 거의 없다는 점이다. 그런데도 유대인에게는 가정 성전 예배의 내용과 형식이 풍부하다. 그 이유는 무엇인가?

가정 성전의 예배에 관한 자료는 기독교인이 가지고 있는 '기록된 성경'(The Written Law, Torah)에 있는 것이 아니고, 유대인이 입에서 입으로 부모들이 자녀들에게 전승해오던 '장로의 유전'(The Oral Law)에 있기 때문이다. 이 내용은 예수님이 오신 이후에 집대성된 탈무드의 할라카에 정리되어 있다. 주로 기록된 성경(토라) 말씀을 어떻게 실천해야 하느냐 하는 실천 방법들이 실려 있다.

[자세한 것은 저자의 저서 '*유대인 아버지의 4차원 영재교육*'(동아일보, 2006), 제2부 제2장 '유대인은 자녀에게 무엇을 가르치나: 토라와 탈무드' 참조]

따라서 유대인은 가정 성전을 위한 예배의 내용이나 형식에 관한 자료가 풍부하다.

가정예배와 공동체 교회의 예배 내용과 형식 비교

구 분	가정 예배의 내용과 형식	공동체 교회의 예배 내용과 형식
구약시대 유대인	풍부함	풍부함
신약시대 기독교인	유대인의 것이 없어짐	풍부함
신약시대에 가정예배 자료가 없는 이유	1. 가정예배에 대한 자료가 있는 탈무드의 모든 내용에 전혀 관심이 없었기 때문이다. 신약성경에 위배되지 않는 것들은 취해야 했다. 2. 기독교인은 유대인이 가지고 있는 가정예배의 내용과 형식을 무시했기 때문이다. 3. 기독교인이 신약의 지상명령 실천에 치우진 결과, 구약의 지상명령에 속하는 가정 성전에 대한 관심이 적었기 때문이다.	
결론	기독교인은 가정 성전에 대한 중요성을 새롭게 인식하고, 유대인이 가지고 있는 가정 성전의 예배 내용과 형식을 연구하여 한국인 기독교식으로 다시 정리해야 한다.	

그렇다면, 왜 신약시대 기독교인에게는 가정 성전에 관한 자료가 그렇게도 빈곤한가? 몇 가지 이유가 있다.

첫째, 신약시대의 기독교에게는 기록된 성경만 정경이기 때문에 그렇다. 따라서 기독교는 탈무드에 있는 그들의 가정예배 자료를 발견할 수가 없었다. 따라서 기독교는 비록 탈무드가 정경은 아닐지라도 구약 성경의 내용을 생활에서 실천하는 데 필요한 자료들을 많이 담고 있는 만큼, 그 자료들 중에서 신약 성경의 원리에도 일치되는 부분들은 엄선하여 십분 활용하는 것이 좋다고 생각한다. [참조: 유대인은 장로의 유전을 성경으로 간주한다. 그래서 그들은 장로의 유전(The Oral Law)을 구전 토라(The Oral Torah)라고도 한다]

둘째, 기독교인은 유대인을 대단히 미워했기 때문에 그들이 가지고 있는 가정예배의 자료에는 무관심할 수밖에 없었다.

셋째, 기독교는 유대교의 율법에 대한 거부 반응이 많아서, 유대인이 율법에 따라 안식일을 지키는 것에 대하여 오히려 무시해 왔었기 때문이다.

넷째, 신약시대에는 가정에서 하나님의 말씀을 자손대대로 전수하라는 구약의 지상명령(창 18:19; 신 6:4-9)을 잃어버리고 신약의 지상명령(마 28:19-20)을 위한 공동체 교회에만 집중했기 때문에, 상대적으로 가정 성전에 대한 관심도가 그만큼 적었기 때문이다.

[구약의 지상명령에 대해서는 저자의 저서 '잃어버린 구약의 지상명령 쉐마'(쉐마, 2007), 제1권 참조]

5. 가정예배에 내용과 형식이 필요한 이유

구약시대의 유대인은 하나님께서 제정하신 가정 성전과 공동체 성전에서 예배를 잘 드릴 수 있다. 두 성전에서 드릴 예배의 내용과 형식이 풍부하기 때문이다. 특히 유대인에게는 안식일 가정예배를 위한 내용만 충실한 것이 아니라, 그 내용을 담는 형식 또한 대단히 우수하다.

반면, 기독교인은 가정예배의 내용도 빈곤한 데다 형식마저 거의 폐하다시피하여 결국 세월이 지나면서 성령님께서 강하게 역사하시지 않을 경우 그 빈곤한 내용마저 잃어버리곤 해왔다.

따라서 신약시대의 기독교인들은 공동체 성전에서는 하나님에게 예배를 잘 드릴 수 있었지만, 앞의 I항에서 지적한 대로 가정 성전에서는 예배를 드리는 데는 한계가 있었다. 이것은 예배학적인 입장에서 신약시대 기독교인의 가장 큰 약점이다.

[저자 주: 공동체 성전 예배의 형식도 천주교가 개신교보다 더 잘 되어 있다. 자세한 비교는 '현용수의 인성교육 노하우'(전4권, 동아일보, 2008) 제3권 제6부 제1장 II. '교육의 내용과 형식: 믿음과 율법의 행함' 항목 아래 3. '유대교와 바울, 천주교와 개신교(칼빈)' 비교 참조]

가장 큰 원인은 신약시대에는 가정 성전에 대한 성경적인 개념이 유대인처럼 뚜렷하지 못했기 때문이다. 더구나 가정 성전에서 마땅히 드려야 할 성경적인 예배의 내용이나 형식이 거의 없었기 때문이다.

그래서 저자는 가정 성전의 중요성을 신학적으로 설명하기 위하여 '*잃어버린 구약의 지상명령 쉐마*'(쉐마, 2007)를 비롯한 쉐마교육신학 시리즈를 집필해 왔다. 그리고 가정 성전에 대한 내용을 담을 교육의 형식이 왜 필요한지를 설명하는 '인성교육의 내용과 형식'에 대해 집필했다. [자세한 것은 '*현용수의 인성교육 노하우*'(전4권, 동아일보, 2008), 제4권 제6부 '인성교육과 예절교육: 동양과 유대인 인성교육의 내용과 형식' 참조]

이런 쉐마교육신학과 인성교육의 원리를 바탕으로 이제 가정예배의 내용은 물론 그 내용을 담을 수 있는 형식을 만들어야 할 필요성을 느꼈다.

따라서 저자는 오늘날 유대인이 지키는 안식일 가정절기식탁예배 속에 구약시대에 하나님이 원하시는 가정 예배의 내용과 형식이 그대로 살아있기 때문에, 그들이 가지고 있는 가정 예배의 내용과 형식을 연구하여 한국인 기독교인에게 맞도록 다시 정리하고 있다. 저자가 이 책을 쓰는 이유가 여기에 있다.

우리가 반드시 기억해야 할 것이 있다. 예배학적으로 예배의 형식에는 두 가지 기능이 있다. 예배의 내용을 담아 보존하는 그릇(혹은 포장)의 기능과 그 내용을 운반, 혹은 후대에 전수할 수 있는 수레(vehicle)의 기능이다. 따라서 예배의 형식이 없으면 그 내용을 보존할 수도, 후대에 전수할 수도 없다. 그릇이나 수레가 더 견고하고 아름다울수록 좋은 것처럼, 예배의 형식 또한 뚜렷하고 섬세할수록 좋다.

잘 짜여진 예배의 형식에 하나님은 영이시므로 예배하는 자

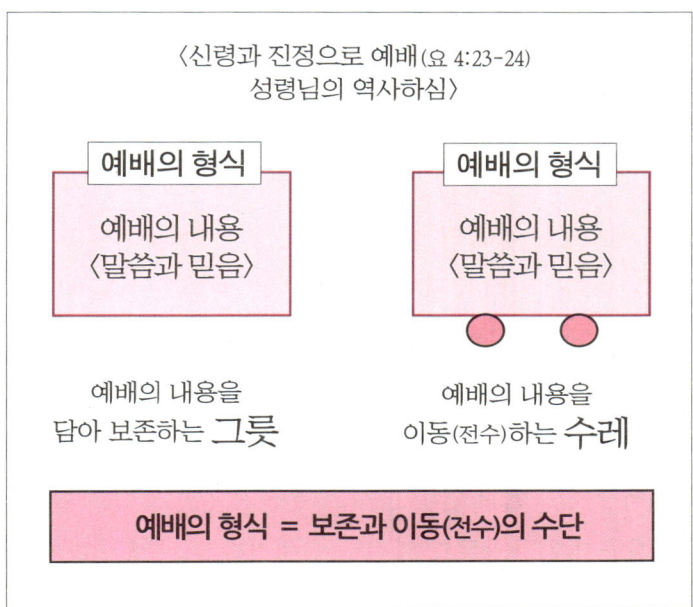

가 신령과 진정으로 예배를 드리면(요 4:23-24) 성령님께서 더 크게 역사하신다.

예배의 형식은 예배의 내용을 담아 보존하는 그릇(혹은 포장)이며
그 내용을 운반할 수 있는 수레(vehicle)다.

6. 요약 및 결론:

A. 잃어버린 성경적 주일가정식탁예배의 내용과 형식을 되찾자

앞의 내용을 요약하면 이렇다. 하나님은 인간에게 두 가지 성전을 주셨다. 먼저는 가정 성전을 주셨고, 후에 공동체 성전을 주셨다. 구약의 유대인은 두 성전에 모두 제사장을 두었다. 가정 성전의 제사장은 가장인 아버지요, 공동체 성전의 제사장은 아론의 후손이다. 따라서 유대인 아버지는 공동체 성전에서는 양의 피를 제단에 뿌리는 직무를 수행할 수는 없지만, 가정에서 가정예배를 드릴 때 가족을 위해 분잔과 분병을 집례할 수 있다.

따라서 유대인 가정의 아버지는 제사장이 아닌데도 안식일에 가정에서 자녀들에게 안수도 하고 분잔과 분병을 집례할 수 있는데, 신약시대의 기독교 평신도 아버지라고 하지 못하게 하는 것은 신학적 및 논리적 이치에 맞지 않는다고 생각한다. 더구나 신약시대의 평신도들은 구약의 유대인 평신도들보다 더 높은 왕 같은 제사장들이라는 신분(벧전 2:9)을 갖고 있지 않는가! 왜 자신의 가정에서 자기 자녀들에게 안수를 할 수 없고 분잔과 분병을 집례할 수 없는가!

따라서 성경신학적인 입장에서 가정 성전의 제사장은 아버지이기 때문에 신약시대에도 주일가정식탁예배에서 아버지가 유대인처럼 자녀들에게 안수도 해주고 가족들에게 분잔과 분병 예식을 집례하는 것은 당연하다고 본다.

이렇게 함으로 신약의 기독교인들도 잃었던 성경적인 가정예배의 내용과 형식을 되찾아야 한다.

정통파 유대인 랍비인 에들러스테인은 저자가 주관하는 미국 3차 쉐마목회자클리닉에서 한국의 많은 가정들이 유대인을 본받아 유대식 가정식탁예배의 내용과 형식을 기독교식의 내용과 형식으로 바꾸어 드린다는 말을 듣고 이렇게 말했다.

> "이제야 말하는데, 초대교회 시절 유대인 기독교 신자들도 이런 가정예배를 지켜왔는데, 언제부터인지 모르지만 이방인 기독교인들이 그 전통을 잃어버렸습니다." [2012년 2월에 경험한 이미경 사모의 간증기, '성경이 말하는 어머니의 EQ교육'(쉐마, 2013), 제2권 제5부 제2장 '주일가정식탁예배 실천과 교회개척 성공기 분석' 참조]

이미경 사모는 그 말씀을 듣는 순간을 이렇게 회상했다.

> "그 말씀을 듣는 순간 '회복'이라는 단어가 나의 눈앞을 지나갔습니다. 가정에서 잃어버린 구약의 지상명령도 찾고, 하나님이 원하시는 삶의 방법도 회복할 때, 신약의 지상명령도 동시에 회복되고 온전하고 완전해진다는 것을 깨달았습니다." (상기서, pp. 266-267)

그렇다. 이제 초대교회 유대계 성도들이 주일에 가정에서 떡을 떼며 실천했던(행 20: 7, 11) 잃어버린 성경적인 주일가정식탁예배의 내용과 형식을 되찾아야 한다. 유대인처럼 가정에서 분잔과 분병 예식을 회복해야 한다. 그래야 신약시대의 가정도 자손대대로 말씀을 전수할 수 있을 뿐만 아니라 가정을 건강하게 유지할 수 있다. 그리고 교회도 살리고, 민족도 살릴 수 있다.

다만 여기에서 조심해야 할 것은 가정에서 실천하는 분잔과 분병 예식은 교회 공동체에서 집례하는 성찬식이 아니고, 가정 성전에서 가족끼리 행해지는 애찬식이라는 점을 명심해야 한다.

따라서 본 예식서에서는 교회의 성찬 예식의 순서를 따르는 것이 아니고, 가정의 애찬식 예식 순서로 바꾸었다. 그리고 유대인의 안식일 절기 예식에 나타난 분잔과 분병의 형식대로 하는 것이 아니라, 기독교식의 내용과 형식으로 바꾸어 예수님의 보혈을 여러 군데 첨가했다(본서 제2부 제2장 참조).

유대인 아버지는 제사장이 아닌데도
가정에서 자녀들에게 안수도 하고 분잔과 분병을 하는데,
기독교 평신도들은 왕 같은 제사장들인데(벧전 2:9),
이를 금하는 것은 잘못됐다.

B. 왜 하나님은 공동체 성전 이전에 가정 성전을 주셨나

저자는 III항의 제목을 "가정예배는 공동체 교회 예배보다 덜 중요한가?"라고 정했다. 그리고 '가정 성전과 가정 예배' 그리고 '공동체 성전과 공동체 교회 예배'를 비교 분석하며 결코 '가정 성전과 가정 예배'가 '공동체 성전과 공동체 교회 예배'보다 덜 중요하지 않다는 것을 논증했다.

이제 결론을 맺으면서 곰곰이 생각해 볼 것이 있다. "하나님은 왜 구약시대 유대인에게 공동체 성전 이전에 가정 성전을 먼저 주셨을까?"하는 것이다. 그리고 왜 유대인에게 650여 년 동안 오직 가정 성전만 유지하도록 하셨을까? 그 이유는 여러 가지가 있겠지만 가정신학적인 입장에서 하나님은 유대인이 가정 성전을 먼저 굳게 다진 후 공동체 성전을 주어야, 그 민족의 신앙 공동체가 죽지 않고 살아남을 수 있다는 것을 미리 아셨기 때문일 것이다.

이것은 무엇을 뜻하나? 하나님은 유대인에게 무엇보다 가정 성전이 기본이라는 것을 철저하게 가르치시기 위함이었다. 가정 성전은 그루터기다. 그루터기가 없어지면 나무 자체가 죽는 것처럼 가정 성전이 건강하지 않으면 공동체 교회도 무너질 수밖에 없다.

그래서 하나님은 아브라함을 선택하신 이유를 이렇게 설명하셨다. 가정에서 "그가 자식들과 자손을 잘 가르쳐서, 나[하나님]에게 순종하게 하고, 옳고 바른 일을 하도록 가르치라는 뜻에서 한 것이다" (창 18:19a).

"내가 아브라함을 선택한 것은 그가 자식들과 자손을 잘 가르쳐서, 나에게 순종하게 하고, 옳고 바른 일을 하도록 가르치라는 뜻에서 한 것이다. 그의 자손이 아브라함에게 배운 대로 하면 나는 아브라함에게 약속한 대로 다 이루어 주겠다." (창 18:19)

저자는 이 말씀을 구약의 지상명령으로 선택하였다.

[자세한 이유는 저자의 저서 '잃어버린 구약의 지상명령 쉐마'(쉐마, 2009), 제1권 제2부 '하나님이 아브라함에게 주신 지상명령' 참조]

그래서 아브라함은 일평생 몇 명 목회했는가? 오직 언약의 아들 이삭 한 명만 데리고 목회했다. 하나님이 그렇게 명령하신 것이다. 따라서 아브라함은 일평생 교인 한 명 목회에 최선을 다했다. 수천 명을 목회한 것이 아니었다. 그리고 이삭도 아버지 아브라함처럼 야곱 한 명만 데리고 최선을 다해 목회했다. 그리고 야곱도 12명의 아들들만 데리고 최선을 다해 목회했다.

3세대에 이르는 세 족장이 이렇게 가정 목회의 모델이 되게 함으로 그들의 후대는 선조를 따라 그대로 실천하여 수천 년 동안 자손 대대로 토라와 역사와 전통을 전수하는 데 성공한 것이다. 그래서 아브라함의 후손들에게는 신앙의 거장들이 많아 아브라함의 가문이 대표적인 신앙명가가 되었다.

하나님은 아브라함의 때부터 모세의 때까지 무려 650여 년 동안 아브라함의 후손 유대인이 가정목회에 성공하도록 훈련시 키셨다. 그리고 그 이후에 비로소 출애굽을 한 후 시내 광야에 서 공동체 성전인 성막을 주셨다. 그 때는 이미 유대인이 가정 의 전통을 만들어 가정을 통해 토라와 역사와 전통을 계속 다음 세대에 전수할 수 있는 능력을 충분하게 키운 후였다. 이것은 하나님이 계획하시고 주도하신 유대민족이 생존할 수 있는 비밀이다.

만약 하나님이 유대인에게 공동체 성전을 먼저 주시고 후에 가정 성전을 섬기도록 했다면, 아마도 그들이 지나치게 공동체 성전에 치우친 나머지 가정 성전을 소홀히 하여 가정 성전이 먼저 무너지면서 유대인의 신앙 공동체도 살아남지 못했을 것이다.

그 대표적인 예가 신약시대의 교회 역사에 잘 나타나 있다. 신약시대 교회는 오순절 다락방에서 이웃전도 세계선교를 위한 공동체 성전(교회)에서 출발하였다. 그래서 초대교회 때부터 성도들이 공동체 교회에 지나치게 치우친 나머지 가정을 잃어버린 경우가 많았다. "모이면 기도하고 흩어지면 전도하라"는 강령에는 가정이 생략되었기 때문이다.

따라서 기독교 역사 2000년 동안 어느 가정도 말씀을 후대에 전수하는 데는 실패했다. 따라서 신약시대에는 다른 민족에게 복음을 전하는 세계선교에는 성공했지만 자손 대대로 신앙을 전수하는 데에는 실패했다. 그 결과 신약시대에는 200년을 넘긴 신앙명가가 거의 없다. 너무나 안타깝다.

따라서 이제 기독교인도 가정 성전을 살리기 위해 잃어버린 구약의 지상명령을 되찾아야 한다. 그리고 유대인이 토라와 역사와 전통을 후대에게 전수하는 교육의 내용과 형식을 배워 실천해야 한다. 그러면서 신약의 지상명령도 함께 실천해야 한다.

**만약 하나님이 유대인에게 공동체 성전을 먼저 주시고
후에 가정 성전을 섬기도록 했다면,
아마도 그들의 신앙은 살아남지 못했을 것이다.**

IV. 유대인식 안식일 가정식탁예배의 특징

[저자 주: '유대인식 안식일 가정식탁예배'의 신학적인 배경에 대해서는 저자의 저서 '신앙명가 이렇게 세워라'(쉐마, 2011), 제2권 제6장 '가정 성전과 안식일'에 자세히 설명했기 때문에, 본 항에서는 뒤에 이어지는 주일가정식탁예배를 분석하는 입장에서 그 특징들을 살펴보고자 한다.]

1. 하나님이 유대인에게 예배의 형식을 만들게 하셨다

창조주 하나님은 인간의 심리를 창조하신 분으로 인간의 심리와 인간 교육 방법을 너무나 잘 아시는 분이시다. 따라서 그분은 예배 형식의 유익을 너무 잘 알고 계셨다. 그래서 구약시대 하나님의 백성 유대인에게 각 절기마다 예식(ceremony)을 만들도록 하셨다. 그리고 그들과 그들 자손이 영원히 지키도록 명령하셨다(출 12:25, 13:5, 9; 신 6:8-9; 에 9:26-28). 유월절을 예로 들어보자.

> 너희는 이 일을 규례로 삼아 너희와 너희 자손이 영원히 지킬 것이니 너희는 여호와께서 허락하신 대로 너희에게 주시는 땅에 이를 때에 이 예식을 지킬 것이라. (출 12:24-25)

그리고 하나님은 더 자세한 예식의 순서와 형식들을 가르쳐 주셨다. 그 정보는 어디에 있는가? 입에서 입으로 전수하는 장로의 유전에 있다. 유대인은 장로의 유전 규례대로 과거 조상들의 역사를 담는 예식(형식)을 자세하게 만들었다. 그 때 입는 예복도 정해 놓으셨다(출 28:2-4.; 레 8:7-9; 마 22:11-12). 현재는 이 정보들이 주로 탈무드에 기록되어 있다.

뿐만 아니라 하나님은 가정에서 자녀들에게 과거 조상들의 역사와 그 역사를 담는 예식(형식)의 유래와 의미에 대해 소상히 질문하라고 명령하셨다. 그리고 조부모나 부모들은 자녀들의 질문에 대해 자세히 설명해 주라고 명령하셨다(출 12:26; 신 32:7).

> 이 후에 너희의 자녀가 묻기를 이 예식이 무슨 뜻이냐 하거든…. (출 12:26)

> 옛날을 기억하라 역대의 연대를 생각하라 네 아비에게 물으라 그가 네게 설명할 것이요 네 어른들에게 물으라 그들이 네게 이르리로다. (신 32:7)

왜 하나님은 이렇게 하라고 명령하셨을까? 이런 방법이 유대인이 토라와 역사와 전통을 다음 세대에 전수할 수 있는 가장 좋은 방법이기 때문이다. 따라서 유대인은 하나님의 명령에 순종하여 각 절기의 예배 형식들을 만들어 철저하게 지켰다. 그리고 그것이 세월이 지나면서 하나의 전통으로 자리를 잡게 하였다.

특별히 유대인은 하나님께서 명하신 세 가지 거룩들, 즉 시간의 거룩, 장소의 거룩, 그리고 사람의 거룩을 매우 중요하게 여기며 지켜 행하려고 노력한다. 이 세 가지 거룩을 가장 명확하게 잘 지키어야 할 절기가 바로 안식일 절기다[자세한 세 가지 거룩에 대해서는 저자의 저서 '신앙명가 이렇게 세워라'(쉐마, 2011) 제2권 제8장 II. '종합적인 시간·사람·장소의 거룩 분석' 참조].

그래서 안식일 절기의 형식을 그렇게 중요하게 생각하고 만들었다. 따라서 유대인의 안식일 절기 가정식탁예배는 하나님이 만드신 최상의 방법이다. 그들은 이 안식일 절기는 물론 다른 여러 절기들의 형식들을 생명처럼 여기며 철저하게 지킨 결과 세대차이를 극복하고 생존에 성공한 민족이다.

이제 기독교인이 다시 한 번 생각해 볼 것이 있다. 유대인은 삼위일체 중 예수님(성자 하나님)과 성령님(성령 하나님)도 없이 성부 하나님만 믿고도 4000년 동안 토라와 전통과 역사를 다음세대에 전수하는 데 성공했는데, 삼위일체 하나님을 믿고 모시는 기독교인이 유대인의 교육 방법(형식)을 도입한다면 다음 세대에 더 잘 전수할 수 있지 않겠는가!

**유대인은 성부 하나님만 믿고도 4000년 동안
토라와 전통과 역사를 다음세대에 전수했는데,
기독교인이 유대인의 교육 방법을 도입한다면
성령님의 도움으로 더 잘 전수할 수 있지 않겠는가!**

2. 교육의 내용도 탁월하지만 형식도 탁월하다

유대인은 어떻게 아브라함 이후 4000년 동안 안식일 가정식탁예배를 드리는 데 성공하고 있는가? 그것은 가정에서 수평문화를 차단하고 수직문화를 강하게 가르쳤기 때문이다. 그리고 강압적이 아닌 자유로운 가운데 자발적으로 여호와의 절기에 참석하도록 교육시켰기 때문이다.

유대인은 어떤 방법으로 이런 교육을 시키는가?

첫째, 안식일 절기를 왜 지켜야 하는지, 그 목적 의식을 분명하게 성경에서 찾아 가르친다. 이런 교육은 그들의 정신세계에 신본주의 사상을 형성하는 데 지대한 공헌을 한다. 신본주의 사상은 수직문화에 속한다. 이것은 눈에 보이지 않는 정신세계에 영향을 주는 교육의 내용이다.

둘째, 유대인은 안식일 절기에 대한 성경의 내용을 효과적으로 수행하고 자녀들에게 전수하기 위하여 눈에 보이는 교육의 형식을 잘 만들어 놓았다. 전자가 교육의 내용이라면, 후자는 교육의 형식이다. 특히 각 절기에 맞는 예배(교육)의 형식은 성경신학적 및 예배학적 측면에서 뿐만 아니라, 현대 과학적으로 분석해도, 즉 문화인류학적, 교육학적 및 심리학적 원리를 이용하여 매우 조직적으로 섬세하게 만든 것이다.

유대인의 가정은 성전이며 신성한 곳이다. 그들 자녀의 인성은 99% 가정에서 형성된다. 세대차이를 막기 위해 가정에서 3세대가 함께 모이는 절기를 최대한 이용한다. 그들은 절기가 매우 많다. 매주 하루씩 모이는 안식일 절기, 일주일 동안 모이는 유월절, 초막절, 하누카, 부림절 그리고 10일간 모이는 신년절기 등이 있다. 유대인은 학교가 교육의 장소가 아니라 가정이 교육의 장소다. 가정에서 드리는 화기애애한 절기 식탁 예배는 자녀들에게 토라와 전통과 역사를 전수하는 교육의 장소이자 방법이다.
사진은 유월절 잔치에 3세대가 함께 모여 절기 식사를 나누는 모습

   하나님께서는 왜 구약시대에 유대인에게 안식일 절기를 지키는 방법, 즉 형식을 장로의 유전에 구체적으로 말씀하셨을까? 하나님은 인간의 한계를 잘 아시기 때문이다. 하나님을 경외할 수 있는 형식 없이 추상적인 내용만으로는 가정예배를 습관적으로 지키기가 힘들다는 것을 잘 아시기 때문이다.

   물론 성령이 충만할 때는 형식이 부실해도 가정예배가 가능할 수 있다. 그러나 성령이 충만하지 않을 때는 지키기가 힘들어진다. 특히 현대와 같이 수평문화에 물들 수 있는 환경 속에

서는, 그리고 더구나 그 수평문화에 물들게 되면 더욱 힘들다. 앞서 예로 든 총신대원 학생의 예가 그런 경우다.

문제는 개인의 신앙생활에서 성령이 항상 충만할 수는 없다는 데 있다. 따라서 유대인은 안식일 절기뿐만 아니라, 모든 절기들을 지킬 때 각 절기에 대한 성경신학적인 내용을 그 내용에 맞게 절기의 형식에 담아 지키게 한다.

물론 한국식 가정예배에 교육의 형식이 전혀 없는 것이 아니다. 있기는 있는데, 유대인의 것처럼 조직적인 면에서 교육학적 및 심리학적으로 잘 짜여 있지 못하다는 것이다. 이것은 무엇을 뜻하는가? 교육의 형식도 얼마나 잘 짜여 있느냐에 따라 서로 상대적이라는 것이다.

그런 면에서 성경에 기초한 유대인의 절기 형식은 대단히 탁월하다. 이점을 한국인 기독교 가정에 접목한 것이 바로 백승철 목사 부부의 한국형 주일가정식탁예배다.

우리가 깊이 생각해 볼 것이 있다. 신약시대 기독교인의 가장 큰 무기는 복음을 접할 때 받는 성령님의 파워다. 예수님은 돌아가신 후 성령님으로 다시 오셔서 항상 믿는 자들과 함께 하신다고 말씀하셨다(마 28:20; 요 14:18). 이것은 유대인에게는 없는, 기독교인에게만 있는 대단한 장점이다.

그런데 성령을 받지 못한 신약시대 유대인이 어떻게 안식일 가정식탁예배를 아직까지 2000년 동안 잘 지키어 자손 대대로 이 전통을 이어 주는 데 성공하고 있는가? 그것은 바로 성경적으로 안식일에 대한 교육의 내용도 알차지만, 형식이 매우 잘 짜여 있기 때문이다.

반면, 신약시대에 2000년 동안 성령님의 능력을 받은 어느 기독교인도 가정예배를 자손대대로 이어주지 못한 것은, 다른 이유도 많겠지만 우선적으로 가정예배의 형식이 유대인보다 매우 약하기 때문이다.

때문에 과거에 수직문화가 강한 환경 속에서 성령님이 강하게 역사할 때는 한국식 가정예배가 잘 유지 될 수 있었지만, 그렇지 못할 때는 유지되기 힘들 수밖에 없다. 따라서 한국인 기독교인도 유대인처럼 가정예배의 형식을 새롭게 만들 필요가 있다.

**그런 면에서 성경에 기초한 유대인의 절기 형식은 대단히 탁월하다.
이점을 한국인 기독교 가정에 접목한 것이 바로
백승철 목사 부부의 한국형 주일가정식탁예배다.**

V. 유대인식 안식일 절기를 한국형 기독교식으로 바꾸는 이유

여기에서 저자가 특히 한국인 기독교인에게 강조하고 싶은 것이 있다. 유대인식 안식일 절기의 모형은 참조해야 하지만, 유대식 그대로 지켜서는 신학적으로 문제도 발생할 뿐만 아니라 효과도 감소된다는 점이다.

왜냐하면 유대인식 안식일 절기의 형식에는 다음 세 가지의 중요한 요소가 **빠졌기** 때문이다.

첫째, 유대인식은 구약시대의 예식이기 때문에 신약시대의 복음이 빠졌다.

예를 들어, 분잔과 분병 예식의 뜻을 복음적 측면에서 구약시대 유대인의 것과 신약시대 기독교인의 것과 간단히 대조해 보자. 유대인은 전통적으로 포도주를 마시면 포도주가 몸을 성결하게 해준다고 믿는다. 그래서 거의 모든 절기 예식에는 분병 예식과 함께 분잔 예식이 있다.

그런데 예수님이 오심으로 포도주로 분잔을 하는 뜻이 복음적으로 명확해졌다. 예수님은 "나는 포도나무요 너희는 가지라" (요 15:5)고 말씀하셨다. 예수님께서는 십자가상에서 흘리실 피를 포도주로 비유하시며, 포도주를 마시면 죄 사함을 받는다고 말씀하셨다(마 26:27-28).

> 또 잔을 가지사 감사 기도하시고 그들에게 주시며 이르시되 너희가 다 이것을 마시라 이것은 죄 사함을 얻게 하려고 많은 사람을 위하여 흘리는바 나의 피 곧 언약의 피니라.
> (마 26:27-28)

죄 사함을 받은 몸은 성결한 몸이다. 즉 포도주는 성도의 몸을 성결하게 해주는 예수님의 보혈을 상징한다.

그리고 예수님이 오심으로 떡으로 분병을 하는 뜻이 복음적으로 명확해졌다. 구약시대에 떡[만나]은 일용할 양식과 여호와의 입에서 나오는 모든 말씀을 상징한다(신 8:3). 그런데 예수님은 스스로를 하늘에서 내려온 떡이라고 말씀하셨다(요 6:58). 그래서 떡은 바로 예수님의 몸을 상징한다(마 26:26).

> 이것은 하늘에서 내려온 떡이니 조상들이 먹고도 죽은 그것[만나]과 같지 아니하여 이 떡을 먹는 자는 영원히 살리라. (요 6:53-58)

> 그들이 먹을 때에 예수께서 떡을 가지사 축복하시고 떼어 제자들에게 주시며 이르시되 받아서 먹으라 이것은 내 몸이니라. (마 26:26)

신약시대에 예수님이 오심으로 분잔과 분병의 뜻이 얼마나 더 명확해졌는가! 이것이 바로 모세의 수건이 벗겨진 그 느낌이다(출 34:33-35; 고후 3:13-18)! 따라서 기독교인이 주일가정식탁예배를 드릴 때 분잔과 분병 예식을 하면 복음이 더 명확하게 들어난다. 이 점에서 주일가정식탁예배는 유대인의 안식일 절기와 확연히 구별된다. 유대인의 것이 미완성품이라면, 기독교인의 것은 완성품이라고 할 수 있다.

분잔과 분병 예식에 더 참고할 성경 말씀

> 예수께서 이르시되 내가 진실로 진실로 너희에게 이르노니 인자의 살을 먹지 아니하고 인자의 피를 마시지 아니하면 너희 속에 생명이 없느니라 내 살을 먹고 내 피를 마시는 자는 영생을 가졌고 마지막 날에 내가 그를 다시 살리리니 내 살은 참된 양식이요 내 피는 참된 음료로다 내 살을 먹고 내 피를 마시는 자는 내 안에 거하고 나도 그의 안에 거하나니 살아 계신 아버지께서 나를 보내시매 내가 아버지로 말미암아 사는 것 같이 나를 먹는 그 사람도 나로 말미암아 살리라 이것은 하늘에서 내려온 떡이니 조상들이 먹고도 죽은 그것[만나]과 같지 아니하여 이 떡을 먹는 자는 영원히 살리라. (요 6:53-58)

둘째, 성령님의 내주하심과 능력이 빠졌다. 즉 개신교식 기도가 빠졌다. 특히 한국인 기독교인은 무릎을 꿇고 한국식으로 소리 내어 기도해야 한다.

셋째, 문화인류학적인 면에서 한국인 기독교인에게 맞는 한국 문화적인 가치와 형식이 빠졌다.

따라서 한국인 기독교인에게는 예수님의 복음과 성령님의 능력을 더한 기독교식에 한국 문화를 가미하여 한국인 기독교의

한국형 주일가정식탁예배의 요소

한국인 기독교인의 한국형 주일가정식탁예배
=
유대식 안식일 + 복음 + 한국 문화식 + 한국식
(절기 방법)　　기독교인의　(복장과 예절)　찬양과 기도
　　　　　　　정체성
　　　　　　　　　　　　　　한국인의 정체성

　한국형 주일가정식탁예배로 드려야 한다. 이것이 바로 '신(新) 한국형 기독교인의 밥상머리교육'일 것이다. 이런 방법은 가정예배를 드리는 부모들과 자녀들이 인성교육학적인 측면에서 '한국인의 정체성과 기독교인의 정체성', 이 두 가지를 함께 가질 수 있기 때문에 매우 유익하고 효과적이다.

　특히 저자는 초대교회의 주일가정식탁예배처럼 성령님이 임재하시기 위하여 식탁예배 순서가 끝나면, 온 가족이 방바닥에 내려와 가족 전체가 모여 무릎을 꿇고, 서로 공동의 기도제목을 놓고 합심기도를 하고, 그리고 각자의 기도 제목을 위해 모두가 중보기도해 줄 것을 권한다. 이때에 가족 사이에 있었던 오해나 아픈 상처 등이 많이 치유된다.

　생각해 보라. 온 가족이 한복을 입고 방바닥에 무릎을 꿇고 엎드려 서로를 위해 기도해 주는 모습이 얼마나 아름다운가! 이것은

온전히 한국식 기도 형식이다. 하나님께서도 매우 기뻐하실 것이다. 가장 한국적인 것이 세계적이라는 말은 기도 방법에서도 나타난다. (저자 주: 다른 민족이 기독교식 주일가정식탁예배를 드릴 때는 그 민족의 문화에 맞도록 예식서를 변형하면 된다. 예: 인도인 기독교의 인도형 주일가정식탁예배 예식서)

유대인은 성령님의 능력이 없이도 그렇게 안식일 절기를 잘 지키는데, 우리가 성령님의 능력을 의지하면 유대인의 안식일 가정식탁예배보다 더 마음을 다하고 힘을 다하고 성품을 다하는 예배가 되며 더욱 하나님의 은혜가 넘치고 좋은 한국인 기독교인의 한국형 주일가정식탁예배가 될 수 있을 것이 아닌가!

이 내용을 좀 더 구체적으로 요약하면, 한국인 기독교인의 한국형 주일가정식탁예배에는 유대인식 안식일 절기 방법에 복음을 더하고, 한국 문화식 복장과 예절 및 국악 찬양을 더하고, 여기에 한국식 기도를 더한 것이라고 말할 수 있다.

저자는 그 동안 하나님이 원하시는 한국인 기독교인에게 맞는 주일가정식탁예배의 모형은 어떤 것일까를 상상해 왔는데, 아마도 본 예식서가 가장 근접한 그 모형이 될 것이다. 본 한국형 주일가정식탁예배 예식서는 예배학적인 입장에서 초대교회의 유대계 기독교인들이 실천한 이후(행 2:46, 20:7, 11), 이방 기독교인들을 위해서는 처음으로 만들어졌을 것이다.

유대인식 안식일 절기를 그대로 지키면 안 된다.

VI. 결론

1. 요약 및 결론

하나님은 하나님의 백성에게 두 가지, 가정 성전과 공동체 성전을 제정하셨다. 구약시대의 유대인은 구약의 지상명령을 실천하기 위하여 이 두 가지 성전에 제사장을 두고, 서로 균형을 이루며 잘 지켜왔다. 그 결과 그들은 토라와 전통 및 역사를 자손 대대로 전수하는 데, 그리고 건강한 가정을 유지하는 데 성공했다.

이것은 무엇을 뜻하나? 유대인이 신약시대에 구원론적인 입장에서 예수님(복음)을 받아들이지 않은 것은 안타까운 일이지만, 교육학적인 입장에서는 성공했다고 볼 수 있다. 따라서 복음을 믿고 구원받은 기독교인들은 그들의 성공한 교육만을 본받을 필요가 있다.

그런데 신약시대에 와서는 기독교가 구약의 지상명령을 잃어버리고 신약의 지상명령에만 너무 치우친 나머지 가정 성전의 중요성을 잃어버렸다. 그리고 가정예배의 내용과 형식도 매우 빈곤하였다. 그 결과 신약의 교회는 2000년 동안 세계선교는 성공했는데, 자손 대대로 신앙을 전수하는 데는 실패했다.

안타까운 것은 한국 교회도 이런 실패의 역사 흐름에서 자유로울 수 없다는 것이다. 더구나 현대에는 과도한 수평문화의 영향으로 한국식 가정예배를 젊은 세대에게 적용하는 데에는 한계가 있다. 따라서 한국 교회는 성공한 유대인식 안식일 가정식탁예배에서 많은 것을 배울 필요가 있다. 그들의 가정예배에는 교육의 내용도 성경적으로 탁월하지만 교육의 형식도 매우 탁월하다.

유대인은 안식일 절기 때마다 여호와의 절기에 맞는 잔치 기분을 내게 하는 프로그램으로 꽉 차 있다. 그들은 안식일 절기의 형식을 만들 때, 절기에 대한 기대감을 매우 높이고 흥미를 갖도록 했다. 그래서 온전히 새로운 마음을 갖게 한다. 자세히 보면 인간의 심리를 너무나 잘 이용했다.

예를 들면 다음과 같다. 가정에서 매주 대청소를 한다. 목욕을 하고 가장 좋은 옷으로 갈아입는다. 그리고 평일에는 좋은 음식을 잘 먹지 못하더라도 안식일에는 최상의 음식을 준비한다. 거룩한 여호와의 절기이기 때문에 모든 것에 정성을 다해야 하고 평일과 달라야 한다는 것이다.

이런 방법은 한국식 가정예배와 상대가 되지 않을 정도로 월등한 교육의 효과를 보게 한다. 가족의 구성원 각자가 여호와께 드리는 마음가짐과 자세가 사뭇 다르다. 저자 서문에서 소개한 한국형 주일가정식탁예배를 실천하는 여러 젊은 목사 가족들이 성공한 이유도 여기에 있다.

따라서 절기의 형식은 하나님의 말씀과 신앙 그리고 역사와 전통을 전수하는 데에 꼭 필요한 그리고 중요한 그릇이며 도구다. 이 형식은 하나님 공경과 부모 공경 그리고 한국식 예절까지 교육시키는 인성교육의 종합 훈련장이 된다. 따라서 본서에서는 주일가정예배의 형식들을 더 많이 개발하는 데 주력하였다.

그렇다고 유대인식 안식일 절기를 그대로 지키면 신약신학적으로 문제도 발생할 뿐만 아니라 효과도 감소된다. 따라서 한국인 기독교인은 예수님의 복음과 성령님의 능력을 더한 기독교식에 한국 문화를 가미한 한국인 기독교인의 한국형 주일가정 식탁예배로 드려야 한다.

결론적으로 본 예식서는 저자가 저술한 25권을 공부하고 한국인 기독교인으로서 "유대인 자녀교육을 어떻게 실천할까?" 고민하는 분들에게 꼭 필요한 지침서가 될 것이다. 유대인의 방법을 기독교식으로 바꾼 다음 한국 문화를 더한 '신(新) 한국형 밥상머리 교육'이기 때문이다. 여기에는 한국인 자녀들에게 필요한 한국인의 인성교육과 성경교육 그리고 IQ+EQ교육이 모두 포함된 종합 절기 교육의 장이 될 것이다. 즉 유대인 자녀교육의 종합 실천 지침서다.

본 예식서는 "유대인 자녀교육을 어떻게 실천할까?"
고민하는 분들에게 꼭 필요한 지침서다.
유대인의 방법을 기독교식으로 바꾼 다음 한국 문화를 더한
'신(新) 한국형 밥상머리 교육'이다.

2. 백승철 목사 가정의 한국형 주일가정식탁예배가 모범이 되는 이유

앞에서 말한 대로 한국형 주일가정식탁예배를 모범적으로 실천하는 이들이 많다. 그러나 여기에서는 지면상 그들 모두를 예로 들어 평가할 수 없기 때문에, 2013년 4월 출간된 저자의 저서 '성경이 말하는 어머니의 EQ교육' 제2권 제5부 제2장에 게재된 백승철 목사 부부의 '한국형 주일가정식탁예배'에 대한 임상 보고서를 예로 들어 몇 가지 평가해 보자. (그들의 보고서는 부록 1의 '한국형 주일가정식탁예배 실천자들의 증언' 참고 바람)

첫째, 복음적인 면에서 성령세례를 받고 구원의 확신이 뚜렷하다는 점이다. 흔히 율법을 강조하는 목사들을 비난할 때에, 그들을 복음이나 성령님의 은사를 모르는 율법주의자들처럼 여기는 경향이 있다. 그런데 백 목사는 성경의 율법을 강조하면서도 성령님의 은사를 체험하고 복음을 믿는 사람이다.

둘째, 어려서부터 성경을 1000독을 함으로써 확실한 '말씀을 맡은 자'(롬 3:2)가 되었다는 점이다. 백 목사는 연령적으로 이제 40을 갓 넘겼다. 그런데도 말씀을 그렇게 사모하고 목회도 교인들에게 말씀만을 가르치려고 그렇게 노력을 하니, 너무 모범이 되는 청년 목회자다.

물론 '말씀을 맡은 자'란 용어는 상대적이다. 적게 맡은 자로부터 많이 맡은 자까지 다양하기 때문이다. 백 목사 정도면 가히 수준급을 넘어섰다고 할 수 있다. 장차 말씀이 없어 기근이 올 텐데 이런 점에서 대단한 모범이 된다.

> 주 여호와께서 가라사대 보라 날이 이를지라 내가 기근을 땅에 보내리니 양식이 없어 주림이 아니며 물이 없어 갈함이 아니요 여호와의 말씀을 듣지 못한 기갈이라. (암 8:11)

셋째, 율법(말씀)대로 살아야 할 텐데, 그 방법을 몰라 그렇게 고민했다는 것이다. 보통 성경을 많이 아는 사람들은 하나님의 말씀 속에서 영의 양식만을 취하면 되는 것으로 알고 있는데, 그는 성경에서 구체적으로 어떻게 살아야 성경적인 삶인지를 찾기가 힘들었다고 했다.

물론 성경에 부분적으로 성경적인 실천 방법이 나타나 있지만, 많은 부분에서 구체적이지 못하다는 것을 깨달았다고 했다. 특히 그는 결혼생활과 가정예배의 실천 방법에서 더 그랬다는 것이다. 그런데 저자의 저서들을 통하여 그 방법들을 찾고 기뻐했다는 것이다. 백 목사는 이런 점에서 매우 특별하다고 볼 수 있다.

넷째, 현대에 하나님의 말씀이나 성령님 중심의 목회보다는 사람의 이목을 끌기 위해 육을 자극하는 수평문화 위주로 목회를 하는 경향이 많은데, 백 목사는 일체의 수평문화를 가미하지 않은 순수 말씀 중심으로만 목회를 한다고 한다. 쉐마교육신학적인 면에서 매우 모범이 된다.

구원 받은 자의 두 가지 단계

제2단계 율법(말씀)의 실천
제1단계 말씀 맡은 자
구원 받은 자

백 목사는 이 도표에서 1단계까지는 성공을 했는데, 제2단계를 위해 고민을 많이 했다는 것이다.

다섯째, 보통 사람들은 율법의 실천을 안다고 해도 실천하기가 힘든데, 백 목사 부부는 그 힘든 한국형 주일가정식탁예배를 몇 년 동안 계속 실천하고 있다는 점이다.

특히 현대의 젊은 세대 부부는 유대식 안식일가정식탁예배의 형식을 지키는 것도 힘들어하겠지만, 온 가족이 한국식으로 깨끗한 한복을 입고, 정성껏 한식 음식을 요리한다는 것 자체는 더 부담스러워할 것이다.

한국의 신세대는 일 년에 두 번, 추석과 신년 절기를 준비하는 것도 힘들어 하는데, 기독교인이 매 주일마다 한국식 기독교인의 주일절기를 준비한다는 것 자체가 얼마나 더 힘들겠는가? 이에 비하면 백 목사 부부의 예는 매우 이례적이다. 물론 이것은 사모의 모성 본능이 회복되었기에 가능했을 것이다.

따라서 이상의 예로 보아 백승철 목사 가정의 한국형 주일가정식탁예배는 여러 가지 면에서 모범이 된다.

3. 앞으로의 비전

A. 한국형 주일가정식탁예배에 대한 비전

한국형 주일가정식탁예배를 설명할 때 쉐마교육신학적인 입장에서 연령을 고려하지 않을 수 없다. 쉐마의 주제가 다음 세대, 즉 자녀와 연결되어 있기 때문이다. 50대 이상은 자녀를 잘 낳지 못한다. 그리고 그들은 자녀들이 있다고 해도 많이 성장하여 한국형 주일가정식탁예배를 드리는 데 한계가 있다.

왜냐하면 대부분 그 자녀들은 이미 세상의 IQ교육과 수평문화에 물들어 부모에게 잘 순종하지 않을 수 있기 때문이다.

그들은 대부분 육을 자극하는 수평문화의 재미가 넘치고 바쁜 세상에서 일주일에 한 번씩 온 가족 3대가 모여 대청소를 하고, 목욕을 하고, 한복을 입고, 게다가 전통적인 틀에 짜인 예식을 실천한다는 것 자체를 싫어하는 경향이 많기 때문이다. 그들은 평일의 소음을 완전히 끊고 고요한 가운데 휴식을 취하며 24시간 온전한 주일을 지키는 데 한계가 있다.

이에 비해 젊은 세대는 아이를 갖기가 쉬울 뿐만 아니라 아이들이 어리기 때문에 한국식 주일가정식탁예배를 드리기가 쉽다. 자녀교육은 어릴 때부터 습관적으로 시켜야 효과가 크게 나타난다. 그래서 성경은 이렇게 말씀하고 있다.

> 마땅히 행할 길을 아이에게 가르치라 그리하면 늙어도 그것을 떠나지 아니하리라. (잠 22:6)

저자가 20대나 30대 그리고 40대의 젊은 부부들에게 애정을 더 많이 갖는 이유가 여기에 있다. 그런데 다행히 하나님의 은혜로 하나님께서는 젊은 부부들을 쉐마교육연구원에 많이 보내주시고 있다는 사실이다. 2007년 캐나다 토론토의 김치남 목사의 가정에서 처음으로 시작되었으나, 하나님께서 복을 주셔서 몇 년 사이에 인천지역의 박금주 목사, 일산의 백승철 목사, 대구 지역의 권창규 목사와 임성수 목사, 그리고 부산 지역의 정주헌 목사 가정을 비롯해 약 1000 가정으로 불어났다. 기하급수적인 숫자다.

처음에는 어린 자녀를 가진 젊은 목사 부부 가정에서 시작되었으나, 이제는 그들이 목회하는 교회의 평신도 가정에까지 전파되고 있기 때문이다. 물론 50대 이상의 부부들도 나이가 들었다고 소망이 전혀 없는 것은 아니다. 쉐마의 사명을 갖고 손자들을 말씀 맡은 자로 키울 수 있다. 그렇게 한다면 남은 여생을 더 보람되게 보낼 수 있을 것이다. 그런 면에서 저자는 손자손녀들에게 말씀을 가르치는 할아버지 할머니들을 구약의 지상명령을 실천하는, 즉 수직선교를 하는 선교사라고 부른다.

이제 이 쉐마교육은 캐나다, 미국, 중국, 필리핀, 그리고 호주 등지로 퍼지고 있다. 이제 한국인 기독교인의 한국형 주일가정식탁예배는 구약의 지상명령을 실천하는 강력한 도구로 하나님께서 시작하신 시대적 요구다.

그리고 지구상에 있는 모든 민족들은 한국인 기독교인의 한국형 주일가정식탁예배의 원리를 이용하여 자신들의 문화에 맞추어 주일가정식탁예배의 모본을 만들어 지켜야 할 것이다.

**이제 한국인 기독교인의 한국형 주일가정식탁예배는
구약의 지상명령을 실천하는 강력한 도구로
하나님께서 시작하신 시대적 요구다.**

B. 다른 절기 예식서들도 만들어 코리안 디아스포라에 전해야 한다

유대인이었던 여호수아는 하나님과 모든 백성들 앞에서 "오직 나와 내 집은 여호와를 섬기겠노라"(수 24:15)라고 천명하였다. 그리고 당시 함께 있었던 동족 유대인들에게도 그렇게 할 것을 촉구하였다. 그리고 그 민족은 실제로 어떻게 한 가정의 3세대가 여호와를 잘 섬길 수 있느냐 하는 방법들을 만들어 잘 실천했기 때문에 유대민족은 아직도 살아남았다.

그렇다면 독자들과 독자들의 집(가정 성전)이 영원히 여호와를 섬기는 방법은 무엇인가? 그것은 저자의 책들을 읽고 이를 실천하는 것이다. 여러 가지 실천하는 방법들이 있겠지만, 그 중에서 가장 중요한 실천 교육의 장이 주일가정식탁예배라고 설명했다.

그러나 이것만 실천해서는 충분치 않다. 한국인 기독교인은 유대인이 자신들의 절기인 유월절, 초막절, 오순절, 신년절기, 부림절, 하누카, 티샤바브(고난을 기념하기 위한 절기) 등을 만들어 지키는 것처럼(사실은 대부분 하나님이 만들라고 명령해서 만든 것임), 한국인 기독교인도 한국인에게 맞는 절기들을 유대인처럼 잘 지켜야 한다. 예를 들면, 신년절기(설), 부활절, 3.1절, 6.25전쟁 기념 절기, 8.15광복절, 추수감사절(추석), 크리스마스 등이다.

이런 절기를 잘 지키기 위해서는 절기에 맞는 성경과 신학적인 자료 그리고 역사적인 자료들을 모아 각 절기에 맞는 예식서를 만들어야 한다. 그리고 각 절기 때마다 부모들이 자녀들에게 신앙교육은 물론 역사교육을 철저하게 시켜야 한다. 역사교육을 학교에만 맡기면 안 된다. 먼저는 가정에서 개인의 역사와 민족의 역사를 가르쳐야 한다. 그 다음에 공동체 교회가 함께 나서야 한다. 그래야 신본주의에 맞는 민족의 역사관과 세계관을 갖고 자신의 정체성을 정립할 수 있다. 이것은 이방인의 것과 달라야 한다.

한국인 기독교인은 자신과 자신의 가정만 생각해서는 안 된다. 유대민족처럼 한국 민족의 공동체를 생각해야 한다. 따라서 한국에 거주하는 한국인만 생각할 것이 아니라 전 세계에 흩어져 살고 있는 코리안 디아스포라 동포들을 한 데 묶는 역할을 해야 한다.

어떻게 전 세계에 흩어진 한국인을 한 데 묶어, 그들이 영원히 하나님을 섬기게 할 수 있는가? 유대인처럼 한국형 주일가정식탁예배 예식서는 물론 모든 한국인의 절기 예식서를 전 세계에 흩어져 살고 있는 700만 코리안 디아스포라 동포들에게 나누어 주어야 한다. 그리고 그들도 동일한 예식서로 한국인의 모든 절기 예식을 지켜 행하도록 해야 한다. 감사한 것은 대부분 해외 동포들 등 기독교인이 많기 때문에 실천하기가 쉽다.

그렇게 해야 전 세계 한국인들이 한국 민족의 정체성을 뚜렷하게 가지고, 한 하나님을 섬기며 먼저는 조국 대한민국을 위하여 기도하고, 그 다음에 자신들이 속한 국가를 위하여 기도할 뿐만 아니라, 그 지역의 선교에도 앞장서게 할 수 있다.

그리고 세계선교를 할 때 복음과 함께 쉐마교육도 함께 전하여 각 지역의 교회들과 그 교회에 속한 가정들이 영원히 살아남을 수 있도록 해야 한다.

이를 위해서는 한국인 기독교인이 한국형 주일가정식탁예배 예식서와 다른 절기 예식서를 만든 것처럼 그 지역의 민족들도 본 예식서를 참고하여 자기 민족의 문화와 역사를 첨가한 절기들을 만들도록 도와주고 그 예식서대로 실천하도록 가르쳐야 한다.

저자는 이것이 하나님이 예수님의 재림을 준비하시는 과정이라고 생각한다[저자의 저서 '잃어버린 구약의 지상명령 쉐마' (쉐마, 2007), 제5부 제3장 '기독교와 쉐마교육선교 전략' 참조]. 글을 마치며 오직 우리 주님이신 예수님에게만 영광을 드린다.

"
네 시작은 미약하였으나
네 나중은 심히 창대하리라. (욥 8:7)
"

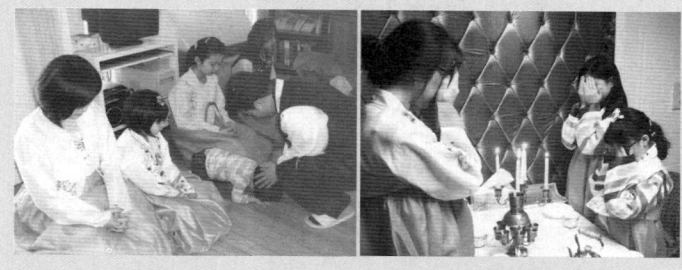

제2부

한국형 주일가정식탁예배 예식서

들어가며

1장 한국형 주일가정식탁예배 준비

2장 한국형 주일가정식탁예배 순서

나가며

들어가며

1. 세대차이가 있는 한국식 가정예배의 한계

유대인 가정의 안식일이나 다른 절기 식탁은 하나님에게 축복받는 장소요, 안식의 장소요, 먹는 기쁨의 장소요, 여호와의 말씀을 전하는 장소요, 조상의 전통을 후세에게 전하는 장소요, 가정의 화목을 이루는 천국의 모형이다. 유대인은 언제나 가정에서 희망과 행복을 찾는다. 안식일은 여호와 하나님께서 하나님의 백성들에게 거룩하게 지키라고 명령하신 절기다.

> 엿새 동안은 일하고 일곱째 날은 너희를 위한 거룩한 날이니 여호와께 엄숙한 안식일이라 누구든지 이 날에 일하는 자는 죽일지니 안식일에는 너희의 모든 처소에서 불도 피우지 말지니라. (출 35:2-3)

이 명령은 유대인에게 뿐만 아니라 기독교인에게도 동일하게 적용된다. 그러나 기독교인은 유대인과 다른 것이 있다.

첫째, 기독교인은 삼위일체의 하나님을 믿는다.

둘째, 유대인은 토요일을 안식일(금요일 해가 진 이후부터 토요일 해지기 전까지 24시간)로 지키지만 기독교인은 일요일(토요일 해진 이후부터 일요일 해지기 전까지 24시간)을 주일로 지킨다. 이렇게 하루를 계산하는 방법은 성경에 근거한 것이다(창 1:5). 그리고 기독교인이 토요일 해가 진 이후부터 주일을 지키게 되면 주일을 성결하게 준비하는 주일 예비일처럼 여기게 되어 더욱 좋을 것이다.

[저자 주: '주일과 안식일'에 관한 논쟁은 여기에서 다루지 않는다. 저자의 저서 '신앙명가 이렇게 세워라'(쉐마, 2011), 제2권 제6장 '가정 성전과 안식일' 참조 바란다]

따라서 기독교인에게 주일은 우주를 창조하시고 역사를 주관하시는 성부 하나님, 인간을 죄에서 구원해주신 성자 하나님 그리고 우리를 새롭게 하시고 도와주시는 성령 하나님께서 함께 임재하시는 특별한 절기다.

세상에서 대통령이 자기 집에 찾아와도 엄청난 경사인데, 삼위일체 하나님이 특별히 임재하시는 주일은 얼마나 더 기쁘고 즐거운 절기이겠는가! 따라서 그분의 명령대로 토요일 해지기 전에 모든 세상일들을 정지하고 고요함 가운데 주일(안식일) 24시간을 거룩하게 지켜야 한다. 가정이나 교회에서 일체의 다툼이나 부정적인 불협화음이 있어서는 안 된다. 가족 모두가 긍정적이고 아름다운 덕담을 나누어야 한다. 자녀들이 힘들게 해도 야단을 치지 말고 끝까지 인내하며 화기애애한 분위기를 유지해야 한다. 주일은 즐거운 여호와의 절기이기 때문이다.

이제 그 동안 저자가 저술한 인성교육론과 쉐마교육론을 바탕으로 한 한국형 주일가정식탁예배에 필요한 내용과 형식을 '예식서'란 책에 담아 보자. 제1장은 주일가정식탁예배의 준비를 위하여,

그리고 제2장은 주일가정식탁예배의 순서에 대하여 서술했다.

본 예식서의 순서와 형식은 현용수의 '*신앙명가 이렇게 세워라*'(쉐마, 2011), 제2권 제6장 '가정 성전과 안식일'을 기본으로 참조하였으나, 앞에서 언급한 제1부의 이론에 의거 다음 여덟 가지를 변경 및 첨가하였다.

1) 성경신학적인 입장에서 거의 모든 순서에 성경 말씀을 삽입하였다.
2) 신약신학적인 입장에서 유대인의 안식일을 기독교의 주일 절기로 바꾸었다.
3) 구원론적인 입장에서 유대인식을 기독교식으로 바꾸어 복음을 첨가하였다.
4) 문화인류학적인 입장에서 성경에 위배되지 않는 한 유대인의 문화를 한국문화로 바꾸었다.
5) 예배학적인 입장에서 순서를 개신교에 맞도록 수정 보완했다.
6) 영성신학적으로 성령님의 임재를 체험할 수 있도록 기도회를 삽입했다.
7) 교육학적 및 심리학적으로 IQ계발과 5감을 통한 하나님의 말씀과 전통 그리고 역사가 잘 전수될 수 있도록 했다.
8) 가정신학적으로 3대 가족의 행복과 결속이 아름답게 실현될 수 있게 하였다.

따라서 본 예배 순서와 형식은 '한국형 기독교인주일절기식탁예배'에 관한 예식서다.

A Korean Family Table Service Manual

제1장

한국형 주일가정식탁예배 준비

* 표시는 일어서야 함

1. 절기 음식 준비
2. 온 가족 집안 청소 · 목욕 · 한복 입기
3. 헌금(쩨다카)
4. 촛불 점화와 어머니의 기도
5. 주일의 신부를 맞이하라 *
6. 가장의 축복기도
   A. 아버지는 제사장의 축복기도를 음송 *
   B. 아내를 위한 축복기도
   C. 아들을 위한 축복기도
   D. 딸을 위한 축복기도
7. 아내와 어머니를 위한 노래 *
8. 정결예식(경건하게, 회개와 화해)

1. 절기 음식 준비

믿음의 조상 아브라함의 후손 유대인은 월요일부터 금요일까지 열심히 일하고, 금요일 오후 집에 일찍 돌아가 거룩한 안식일을 준비한다. 이것은 신앙 없는 이방인이 주말에 육의 쾌락을 위해 술집으로 향하는 것과 크게 대조된다. 안식일은 7일 중 하루의 시간을 성결하게(sanctify) 하는 날이다.

유대인 어머니는 매주 다가오는 안식일을 성결하게 하기 위해 거의 일주일을 준비한다. 특히 음식을 준비하는데 많은 시간을 할애한다. 평일의 음식보다 더 격식을 차려 잘 차리기 위함이다. 화요일에 식단의 계획을 세우고, 수요일에 장을 보고 목·금요일에 음식을 만든다. 마치 옛날 한국에서 할아버지의 제사상을 준비하기 위해 우리 어머니들이 정성을 다했던 것과 같다. 정성이 있는 곳에 하나님의 능력이 역사하신다.

따라서 유대인 랍비는 이렇게 말한다. "안식일이 평일을 위해 있는 것이 아니라 평일이 안식일을 위해 있다"(Heschel, *The Sabbath*, 2007, p. 59). 하나님께서는 어머니들이 풍성한 음식을 장만하고 남편과 자녀들을 가정으로 돌아오게 하기를 소원하신다. 하나님이

백승철 목사 사모가 정성스럽게 준비한 절기 식탁

이를 위해 그 시간을 정해주신 날이 주일(안식일)이다.

2. 온 가족 집안 청소·목욕·한복 입기

어머니는 토요일 해지기 전에 우선 성전인 집안을 온 가족과 함께 흠 없고 티 없이 청소한다. 그리고는 어머니는 아이들을 목욕시키고 온 가족이 한복으로 갈아입으며 절기 기분을 느끼도록 한다. 한복이 없을 경우 남자 아이에게는 깨끗하게 준비한 검정 양복에 넥타이를 매게 한다. 아무리 어린아이라 해도 걷기 시작한 아이면 예외가 없다.

어머니는 주일 절기에만 사용하는 성물들(큰 빵 접시와 보자기, 분잔병 및 칼 등)을 말끔하게 씻어 놓는다. 모든 성물들은 가능한 한 한국의 전통적인 것들로 준비한다. 그리고 식탁을 아름답게 그리고 청결하게 차려놓는다. 식탁에 꽃도 놓아 분위기를 돋우면 더욱 좋을 것이다.

3. 헌금(쩨다카)

해지기 전 다같이:
- 구제 헌금과 우리나라 대한민국을 위한 헌금은 쩨다카 박스에 넣고,
- 내일 교회에 봉헌할 주일헌금은 각자 정성껏 미리 준비해야 한다.

가정의 대청소는 온 가족이 나누어 실천한다 (좌, 권창규 목사 가정). 이렇게 자란 자녀의 미래 인성을 생각해 보라

자녀들에게 불쌍한 이웃을 돕는 구제헌금 박스(쩨다카 박스)에 헌금을 넣게 가르치는 임무(EQ교육)는 어머니 몫이다(우, 권창규 목사 가정)

4. 촛불 점화와 어머니의 기도

어머니가 따뜻하면 온 가족이 따뜻하고 어머니가 차가우면 온 가족이 춥다. 가정의 어두움은 어머니가 몰아낸다. 어머니가 어두우면 온 가족이 어둡다. 따라서 어머니는 스스로 영혼의 빛을 발해야 하고 온 가족에게 그 빛을 전할 책임이 있다. 믿음과 따뜻한 마음의 EQ는 어머니를 통해 자녀들에게 전수된다.

> 이는 네 속에 거짓이 없는 믿음이 있음을 생각함이라 이 믿음은 먼저 네 외조모 로이스와 어머니 유니게 속에 있더니 네 속에도 있는 줄을 확신하노니…. (딤후 1:5)

A. 해가 지기 바로 전에 어머니는 가족의 수대로 딸들과 함께 (딸이 없으면 혼자) 촛대를 준비하고, 그 촛대에 불을 붙인다. 어머

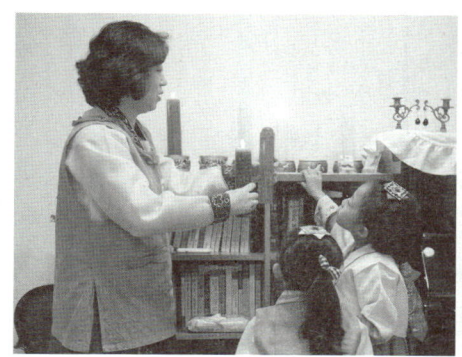 

가정의 어두움은 어머니가 밝힌다. 어머니는 딸들을 데리고 촛불을 켜고, 가정과 교회와 민족의 평화와 번영을 위하여 기도한다. 백승철 목사 가정(좌)과 권창규 목사 가정(우)의 모녀들

니는 그 전에 촛대들을 찾아 그 촛대들이 광이 나도록 깨끗하게 닦아 놓는다. 촛대는 창가나 식탁 가까이에 놓고, 가족의 수대로 준비한다.

불을 붙이는 순서는 먼저 자신의 초에 불을 붙이고, 다음에 그 촛불로 남편의 초에 불을 붙이고, 그 다음에 자녀들의 나이 순(혹은 촌수 순)으로 촛불을 붙인다. 불을 붙이며 하나님이 어머니에게 주신 특별한 사명에 감사해야 한다. 왜냐하면, 그 사명은 의무를 수반하기도 하지만, 그 이전에 어머니에게만 주어지는 특권을 누리는 것이기 때문이다.

B. 어머니는 가정에 성령님의 임재와 남편과 자녀들, 교회 그리고 국가와 민족을 위하여 다음과 같이 기도한다.

"거룩하신 하나님 아버지, 지난 한 주일 동안 저희 가정을 지켜주셔서 감사합니다. 이 시간 가장인 남편을 저희 가정의 제사장으로, 말씀 맡은 자로 세우셨사오니, 사명을 잘 감당할 수 있는 지혜를 주옵소서. 또한 저희 자녀들이 부모의 가르침에 경청하고 순종하는 효자가 되도록 하시고, 지혜의 영이신 성령을 부어 주옵소서. 악한 수평문화로부터 분리되어 성결케 하여 주옵소서. 그리고 저희가 섬기는 교회와 한국 교회와 전 세계 한인 디아스포라 교회에 복을 내려 주옵소서. 대한민국과 이 나라의 지도자들에게 선한 양심을 주옵시고, 나라를 하나님의 뜻대로 잘 통치할 수 있도록 지혜를 허락하여 주옵소서. 조국 대한민국에 복음이 충만토록 하시고 평화와 번영을 허락하여 주옵소서. 북한의 고통 받는 동족들을 불쌍히 여기시고 그들에게도 하루 속히 자유와 복음을 허락하여 주옵소서. 예수님 이름으로 기도드립니다. 아멘"

5. 주일의 신부를 맞이하라 *

유대인은 안식일을 의인화하여 여왕 혹은 신부를 맞이하는 것으로 생각한다. 그 여왕은 은혜롭고, 아름답고, 사랑과 애정이 넘치는 분이다. 그를 매력과 순결의 시적 상징으로 표현한다. 그러므로 안식일에는 여왕이나 신부를 맞이하는 잔칫집 기분을 살리기 위해서 감미로운 시로 된 찬송을 많이 부른다.

유대인은 여왕이 자기 집에 유숙하러 오고 있다거나 신부와 그 들러리가 오고 있다는 소식을 들은 남자처럼 안식일을 준비하는데 신속하고 부지런하게 움직여야 한다고 가르친다(Heschel, *The Sabbath*, 2007, p. 134). 실제로 금요일 저녁 회당 기도회 때에는 기도회 중 모든 회중이 일어나 뒤로 돌아서서 문으로 들어오는 안식일 여왕을 환영하는 순서를 만들어 놓았다.

그러나 기독교인은 여왕이 자기 집에 유숙하러 오고 있다거나 신부와 그 들러리가 오고 있다는 소식을 들은 남자처럼 주일(안식일)을 준비하는데 신속하고 부지런히 움직이며, 온 가족이 일어나 뒤로 돌아서서 문으로 들어오는 주일(안식일) 여왕을 환영하는 듯한 마음은 갖고 준비하되, 노래는 기독교인이 부르는 '왕이신 나의 하나님'을 부르는 것이 좋다.

6. 가장의 축복기도

가족은 머리를 통하여 하나님의 복을 받는다. 가정의 머리는 남편이나 아버지다. 가족들이 서열대로 무릎을 꿇고 있으면, 가장은 한 사람씩 오른손을 머리에 대고 안수기도를 해준다.

한 가정의 아버지는 그 가정의 제사장으로써 자녀들에게 안수기도를 할 자격이 있다. 그러나 타인의 자녀들에게는 안수기도해 주는 것을 금한다. 아버지가 없는 가정에서는 어머니가 아버지 대신 안수기도를 해 줄 수 있다.

[저자의 저서 '자녀의 효도교육 이렇게 시켜라'(부제: 현용수의 효신학 노하우, 쉐마, 2010) 참조].

A. 아버지는 제사장의 축복기도를 음송 *

민수기 6:24-26

"여호와는 네게 복을 주시고 너를 지키시기를 원하며 여호와는 그 얼굴로 네게 비취사 은혜 베푸시기를 원하며 여호와는 그 얼굴을 네게로 향하여 드사 평강 주시기를 원하노라."

설명: 아버지는 가정의 제사장이다. 성경은 아버지가 빈 복은 마음 깊은 곳에서 나와 그대로 이루어진다고 말한다. 그래서 유대인 아버지는 매주 안식일마다 식탁 예배 전에 자녀들에게 안수기도를 해준다. 그리고 유대인은 대속죄일 저녁에도 자녀들을 위해 기도한다. 하나님에게 자녀들이 하나님을 경외하고, 성공적으로 토라를 공부할 때에 좋은 인생(a good life) 주시기를 간구한다(Greenwald, *Respectfully A Children's Guide to the Halachos of Honoring Parents*, 2003, pp. 32-33).

B. 아내를 위한 축복기도

아내가 무릎을 꿇고 앉으면 남편이 아내의 머리에 손을 얹고 축복기도를 해준다. 만약 아내가 안수 받는 것을 불편해 할 경우에는 남편이 아내의 손을 맞잡고 기도해 준다. 기도 내용은 다음과 같다.

"거룩하신 하나님 아버지, 아내를 위해 축복합니다. 지난 한 주간 가족을 위해 수고하고 애쓴 아내에게 이 시간 건강의 복과 기쁨의 복을 내려주옵소서. 늘 가정을 밝히는 빛의 사명을 감당하기에 부족함이 없도록 이 시간 성령으로 충만케 하옵소서. 늘 그 배에서 생수의 강, 기쁨의 강이 흘러 넘치게 하옵소서. 새로운 한 주 동안도 사랑과 정서와 눈물로 가족을 돌볼 수 있는 힘을 허락하여 주옵소서. 예수님의 이름으로 기도드립니다. 아멘"

C. 아들을 위한 축복기도

아들이 무릎을 꿇고 앉으면 아버지가 아들의 머리에 손을 얹고 다음과 같이 기도해 준다.

창 48:20

"하나님께서 너를 에브라임 같고 므낫세 같게 하시기를 원하노라"(May God make you like Ephraim and Manasseh).

"하나님 아버지, 이 시간 사랑하는 OO를 위해 축복합니다. 지난 한 주간 동안 세속의 수평문화로부터 지켜주셔서 감사합니다. 이 시간 주님의 거룩한 영, 성령을 부어주옵소서. 지혜와 명철의 영을 부어주옵소서. 늘 하나님의 말씀과 부모의 말씀을 경청하며 순종하는 자녀가 되게 하소서. 예수님의 이름으로 기도드립니다. 아멘"

설명: 에브라임과 므낫세는 요셉의 아들들이며 야곱의 손자들이다. 장로의 유전에 따르면 에브라임은 영적인 견고함을 상징하고, 므낫세는 경제적 창출 능력(economic creativity)을 상징한

다. 전자가 하늘의 신령한 복이라면(엡 1:3), 후자는 이 땅의 기름진 복을 뜻한다(창 27:28). 이 두 가지는 떨어져 있는 것이 아니고 함께 있어야 한다. 따라서 유대인 부모는 이 두 가지가 함께 이루어지도록 축복 기도해 준다(Lapin, 2002, p. 27). 이것은 무엇을 뜻하는가? 유대인의 전통적인 깊은 사고 속에는 영성과 부가 함께 해야 한다는 것을 뜻한다.

[저자 주: 요셉의 아들 중 므낫세가 장자이고 에브라임은 차자다. 그런데 왜 에브라임의 이름이 앞에 나오는지에 대해서는 저자의 저서 '자녀의 효도교육 이렇게 시켜라(부제: 현용수의 효신학)'(쉐마, 2010), 제2권 제3부 제2장 III. 3. B. '할아버지 야곱의 축복 기도에 운명이 바뀐 두 손자들' 참조]

D. 딸을 위한 축복 기도

딸이 무릎을 꿇고 앉으면 아버지가 딸의 머리에 손을 얹고 다음과 같이 기도해 준다.

"하나님이 사라와 리브가와 라헬과 레아 같게 하시기를 원하노라"(May God make you like Sarah, Rebecca, Rachel and Leah). (Donin, 1972; Leri & Kaplan, 1978)

"하나님 아버지, 이 시간 사랑하는 OO를 위해 축복합니다. 지난 한 주간 동안 세속의 수평문화로부터 지켜주셔서 감사합니다. 이 시간 주님의 거룩한 영, 성령을 부어주옵소서. 지혜와 명철의 영을 부어주옵소서. 늘 하나님의 말씀과 부모의 말씀을 경청하며 순종하는 자녀가 되게 하소서. 예수님의 이름으로 기도드립니다. 아멘."

설명: 사라는 아브라함의 부인이고, 리브가는 이삭의 부인이다. 라헬과 레아는 모두 야곱의 부인이다. 이 여인들은 아브라함과 이삭과 야곱, 3대의 족장 시대를 거치면서 선민의 기본 틀이 되는 유대인의 열두 지파를 이루는 데 공헌한 돕는 배필들이며 믿음의 여인들이다.

아버지는 가정의 제사장으로서 자녀에게 축복할 권한이 있다(김치남 목사 가정). 자녀는 축복기도를 통해 아버지가 가문의 복의 통로라는 것을 알고 부모를 존경하며 순종하게 된다

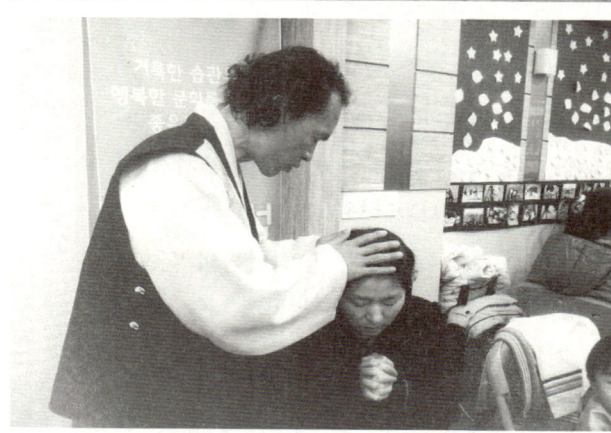

평신도 아버지라도 가정에서는 제사장(머리)으로서 자녀에게 축복할 권한이 있다(황병수 성도 가정)

7. 아내와 어머니를 위한 노래 *

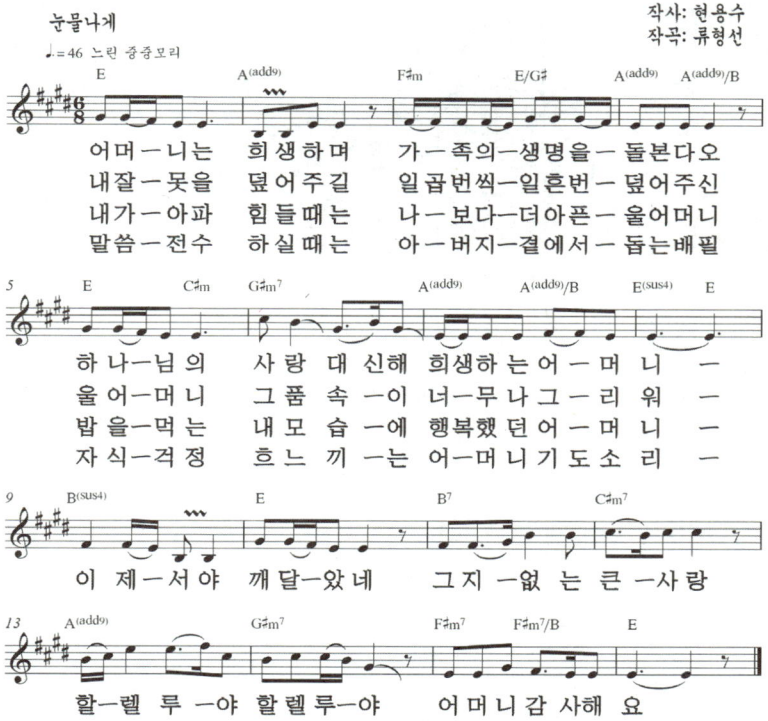

설명: 남편과 자녀들이 '쉐마 어머니 노래'를 부를 때에는 할머니와 어머니는 부르지 않고 듣기만 한다.

   노래가 끝나면 자녀들은 어머니에게 다가가 "다른 여자들보다 엄마가 최고야! 고마워요."라고 말하며 포옹해준다. 뒤를 이어 남편은 아내에게 다가가 손을 맞잡고 이렇게 말한다.

남편과 자녀들이 아내와 엄마의 노고에 대해 감사의 노래를 불러준다(박금주 목사 가정). 이 때 한 여성이 갖는 자존감과 행복은 극치를 이룬다

"여보, 이 세상에 수많은 여인들이 있지만 당신이 최고요. ○○가문에 들어와 영적으로 혈통적으로 우리 가문을 일으켜 세워주어 고마워요." (잠 31:28-30)

그리고 가볍게 포옹해준다.

참고 성경 말씀

누가 현숙한 여인을 찾아 얻겠느냐 그 값은 진주보다 더하니라. (잠 31:10)

그 자식들은 일어나 사례하며 그 남편은 칭찬하기를 덕행 있는 여자가 많으나 그대는 여러 여자보다 뛰어난다 하느니라 고운 것도 거짓되고 아름다운 것도 헛되나 오직 여호와를 경외하는 여자는 칭찬을 받을 것이라. (잠 31:28-30)

8. 정결예식(경건하게, 회개와 화해)

온 가족이 부엌의 싱크대로 자리를 옮겨 아버지가 대표로 이렇게 기도한다.

야고보서 4:8

> "하나님을 가까이 하라 그리하면 너희를 가까이 하시리라 죄인들아 손을 깨끗이 하라 두 마음을 품은 자들아 마음을 성결하게 하라."

가장부터 순서대로 오른 손에 물을 두 번 천천히 부으며 이렇게 기도한다.

> "거룩하신 하나님 아버지, 한 주 동안 저의 마음과 입술로 지은 죄를 회개합니다. 물로 손을 씻듯이 저의 죄를 정결하게 씻어주옵소서"

그리고 왼 손에 물을 두 번 천천히 부으며 이렇게 기도한다.

> "거룩하신 하나님 아버지, 한 주 동안 저의 손과 발로 그리고 모든 행위로 지은 죄를 회개합니다. 물로 손을 씻듯이 저의 죄를 씻어주옵소서 예수님 이름으로 기도합니다. 아멘"

설명: 기도를 마친 후 수건으로 손의 물을 닦는다. 그리고 1주일 동안 부모님과 자녀들 혹은 형제와 자매 사이에 서로 원망

아버지와 딸이 손을 씻는 모습. 박금주 목사(좌)와
백승철 목사 가정(우). 이 때 손만 씻는 것이 아니
라 지은 죄까지 회개하며 씻어낸다.

할 일이 있으면 식탁 예배를 드리기 전에 먼저 화목하기 위하여 자신의 죄를 고백하고 소통하기 바란다(마 5:23-24).

그리고 정결예식은 정결한 마음으로 주일가정식탁예배를 준비하는 순서이다. 따라서 이후에는 온전히 예수님만 생각하기 위하여 말을 하지 않아야 한다. 혹시 의사소통이 필요하면 표정과 손짓 발짓으로 하면 된다.

더 참고할 성경 말씀

진실로 너희에게 이르노니 무엇이든지 너희가 땅에서 매면 하늘에서도 매일 것이요 무엇이든지 땅에서 풀면 하늘에서도 풀리라. (마 18:18)

그러므로 예물을 제단에 드리려다가 거기서 네 형제에게 원망들을 만한 일이 있는 것이 생각나거든 예물을 제단 앞에 두고 먼저 가서 형제와 화목하고 그 후에 와서 예물을 드리라. (마 5:23-24)

그러므로 누구든지 주의 떡이나 잔을 합당하지 않게 먹고 마시는 자는 주의 몸과 피에 대하여 죄를 짓는 것이니라 사람이 자기를 살피고 그 후에야 이 떡을 먹고 이 잔을 마실지니 주의 몸을 분별하지 못하고 먹고 마시는 자는 자기의 죄를 먹고 마시는 것이니라. (고전 11:27-29)

> "
> 하나님이 원하시는 한국인 기독교인에게 맞는
> 주일가정식탁예배의 모형은 어떤 것일까?
> 아마도 본 예식서가 가장 근접한 모형일 것이다.
> 초대교회의 유대계 기독교인들이 실천한 이후(행 2:46),
> 이방 기독교인들을 위해서는 처음일 것이다.
> "

A Korean Family Table Service Manual

제2장

한국형 주일가정식탁예배 순서

*표시는 일어서야 함

1. 묵도: 시편 128편 (경건하게) *
2. 신앙고백 (사도신경) *
3. 쉐마3대찬양 (다같이) *
4. 분잔과 분병 예식
    A. 분잔 예식
    B. 분병 예식
5. 식사 및 탈무딕 디베이트식 성경 공부
6. 찬양 (쉐마 아버지 노래와 쉐마 효도 찬양)
7. 합심기도회
8. 폐회: 주기도문
** 폐회 후: 잠자리 들기 전 쉐마 한국 예절 가르치기

1. 묵도: 시편 128편(경건하게) *

시편 128:1-6

"여호와를 경외하며 그의 길을 걷는 자마다 복이 있도다 네가 네 손이 수고한 대로 먹을 것이라 네가 복되고 형통하리로다 네 집 안방에 있는 네 아내는 결실한 포도나무 같으며 네 식탁에 둘러앉은 자식들은 어린 감람나무 같으리로다 여호와를 경외하는 자는 이같이 복을 얻으리로다 여호와께서 시온에서 네게 복을 주실지어다 너는 평생에 예루살렘의 번영을 보며 네 자식의 자식을 볼지어다 이스라엘에게 평강이 있을지로다. 아멘"

2. 신앙고백(사도신경) *

"나는 전능하신 아버지 하나님, 천지의 창조주를 믿습니다.
나는 그의 유일하신 아들, 우리 주 예수 그리스도를 믿습니다.

그는 성령으로 잉태되어 동정녀 마리아에게서 나시고,
본디오 빌라도에게 고난을 받아 십자가에 못 박혀 죽으시고,
장사 된지 사흘 만에 죽은 자 가운데서 다시 살아나셨으며,
하늘에 오르시어 전능하신 아버지 하나님 우편에 앉아 계시다가
거기로부터 살아있는 자와 죽은 자를 심판하러 오십니다.

나는 성령을 믿으며, 거룩한 공회와 성도의 교제와
죄를 용서 받는 것과 몸의 부활과 영생을 믿습니다. 아멘."

3. 쉐마3대찬양 (다같이) *

참고:

　– 가정에서 가족끼리 부를 때는 '우리 집'을 자신의 성(姓)씨를 넣어 부른다. (예: 현씨네 3대가….)

　– 교회에서 부를 때는 '한 교회'를 자신이 속한 교회 이름을 넣어 부른다.

"박씨네 3대가 찬양드린다"라는 국악찬양
을 즐겁게 부르는 박금주 목사 가정

4. 분잔과 분병 예식

저자 주: 4항에 대해서는 논란이 많다. 어떻게 안수도 받지 않은 평신도가 가정에서 분잔과 분병을 할 수 있느냐는 것이다. 여기에 대한 신학적 이유는 제1부 III항에서 충분히 설명을 했기 때문에 여기에서는 생략한다.

그리고 제1부 V. '유대인식 안식일 절기를 한국형 기독교식으로 바꾸는 이유'에서 분잔과 분병 예식의 뜻이 복음적 측면에서 구약시대 유대인의 것과 신약시대 기독교인의 것이 무엇이 다른지에 대해서도 충분히 설명했기 때문에 여기에서는 생략한다.

다만 분잔과 분병 예식에 참고할 성경 말씀만 남긴다.

그들이 먹을 때에 예수께서 떡을 가지사 축복하시고 떼어 제자들에게 주시며 이르시되 받아서 먹으라 이것은 내 몸이니라 하시고 또 잔을 가지사 감사 기도하시고 그들에게 주시며 이르시되 너희가 다 이것을 마시라 이것은 죄 사함을 얻게 하려고 많은 사람을 위하여 흘리는바 나의 피 곧 언약의 피니라. (마 26:26-28)

예수께서 이르시되 내가 진실로 진실로 너희에게 이르노니 인자의 살을 먹지 아니하고 인자의 피를 마시지 아니하면 너희 속에 생명이 없느니라 내 살을 먹고 내 피를 마시는 자는 영생을 가졌고 마지막 날에 내가 그를 다시 살리리니 내 살은 참된 양식이요 내 피는 참된 음료로다 내 살을 먹고 내 피를 마시는 자는 내 안에 거하고 나도 그의 안에 거하나니 살아 계신 아버지께서 나를 보내시매 내가 아버지로 말미암아 사는 것 같이 나를 먹는 그 사람도 나로 말미암아 살리라 이것은 하늘에서 내려온 떡이니 조상들이 먹고도 죽은 그것[만나]과 같지 아니하여 이 떡을 먹는 자는 영원히 살리라. (요 6:53-58)

A. 분잔 예식

가정의 가장은 포도즙이 든 병을 두 손으로 들고 가족 앞에서 이렇게 기도한다.

"예수님, 우리의 죄를 대속하시기 위해 십자가 위에서 흘리신 보혈, 진심으로 감사하며 잊지 않겠습니다. 이 시간 다시 한 번 주님의 보혈의 피로 저희를 머리끝에서부터 발끝까지 성결케 하여 주옵소서. 예수님 이름으로 기도드립니다. 아멘"

그리고 먼저 가장이 포도즙을 잔에 부어 마신다. 그리고 가족들에게 서열대로 분잔 한다. 각자의 자범죄(自犯罪)에 대한 회개는 세수식(洗手式)에서 했기 때문에 여기에서는 생략한다.

B. 분병 예식

주일절기 예식 이전에 아내는 빵 두 덩어리를 거룩한 쟁반 위에 놓고 거룩한 보자기로 덮어 놓는다. 물론 집안의 어머니는 유대인 어머니처럼 할라빵을 만들면 더욱 좋을 것이다['성경이 말하는 어머니의 EQ교육'(쉐마, 2013), 참조]. 그리고 가장은 두 손으로 빵을 들고 하나님에게 감사한 마음으로 다음과 같이 기도한다.

"거룩하신 하나님 아버지, 일용할 양식을 주셔서 감사합니다. 예수님의 몸을 상징하는 이 빵을 먹음으로 먼저 주님이 십자가 상에서 겪으신 고난을 기억합니다. 그리고 말씀의 떡으로 오신 주님을 기억하며 항상 말씀을 묵상하며 말씀 속에서 살게 하여 주옵소서. 예수님처럼 느끼고 예수님처럼 생각하고 예수님처럼 행동하는 저희들 되길 소원합니다. 예수님의 이름으로 기도합니다. 아멘"

설명: 왜 빵은 두 덩어리인가? 유대인이 광야에서 만나를 먹고 살았는데, 그 만나는 안식일에 내리지를 않아 금요일 아침에 이틀치를 모은 데서 유래한다. 기도 후 가장이 먼저 빵 하나를 잘라 그

빵에 소금을 뿌린다. 소금은 썩지 않는 영원한 언약을 상징한다. 예수님은 기독교인을 '세상의 소금'이라고 말씀하셨다(마 5:13).

그리고 가장은 가족 수에 맞게 빵을 조그맣게 잘라 조그만 접시에 담아 가족의 서열대로 나누어 준다. 이 때 가족들은 두 손으로 정성껏 빵을 받아먹는다.

식탁 중앙에 십자가가 있다

예수님의 피를 기념하기 위해 포도쥬스를 분잔하는 가장의 모습(김치남 목사 가정, 상). 분병하기 전 가장이 일용할 양식에 대해 축복하는 모습(정주헌 목사 가정, 오른쪽)

2장 한국형 주일가정식탁예배 순서 149

부모는 하나님을 대신하여 구약의 지상명령(대를 이어 말씀전수)을 실천하는 이들이다. 아버지는 말씀 맡은자로서 자녀에게 하늘의 떡(말씀)과 육신의 떡을 공급하시는 하나님을 상징한다. 어머니는 이 일을 돕는 배필이다. 그래서 어머니는 힘이 들어도 기쁨으로 안식일 절기 식탁을 정성스럽게 준비한다. 자녀는 여기에서 하나님께서 주신 아버지와 어머니의 권위를 배우고 기쁨으로 순종한다.

5. 식사 및 탈무딕 디베이트식 성경 공부

온 가족이 빵을 먹으면서 식사가 시작된다. 빵을 먹고 그 다음 준비된 음식을 천천히 여유롭게 그리고 즐기며 먹는다. 그리고 가장은 자연스럽게 가족끼리 1주일 동안 있었던 얘기를 나눈다. 그리고 식사가 끝날 무렵 이어서 아버지가 온 가족이 1주일 동안 읽은 성경 말씀을 갖고 탈무딕 디베이트식으로 자녀들에게 질문하며 성경을 가르친다.

탈무딕 디베이트식으로 가르치는 이유는 이 방법이 자녀들에게 성경 지식을 잘 이해시키기도 하지만, 그들의 IQ계발에도 매우 도움이 되기 때문이다. [자세한 것은 저자의 저서 '유대인 아버지의 4차원 영재교육'(동아일보, 2006) 제3부 '노벨상 30%의 비밀 유대인의 4차원 영재교육' 참조]

성경공부가 끝난 후 만약 그 주간에 한국인의 고난의 역사나 절기 혹은 가족사(家族史) 같은 것들이 있으면 그 역사적 사실과 유래를 아버지가 자녀들에게 얘기해 준다. 가족사나 국사에 역사의 단절을 막기 위함이다.

아버지는 가정에서 말씀을 맡은자로 자녀에게 말씀을 가르쳐야 한다. 사진은 백승철 목사(아버지)가 자녀들에게 성경을 탈무딕 디베이트식(IQ계발 방법)으로 가르치는 모습. 이 때 온 가족이 성경을 읽고 아버지가 자녀들에게 본문에 관해 질문하면, 자녀들이 서로 대답하게 해야 한다. 그리고 자녀들은 아버지에게 물을 질문들을 스스로 만들게 한다. 부모가 만들어 주면 자녀들의 창조력을 키우지 못하게 하는 것이다. 이 때 자녀들의 IQ는 놀랍게 계발된다.

6. 찬양(쉐마 아버지 노래와 쉐마 효도 찬양)

성경 공부가 끝나면 '쉐마아버지노래'와 '쉐마효도찬양'을 다 같이 부른다.

쉐마 효도 찬양

작사: 현용수
작곡: 정세현

흥겹게

하나님아버지는 예수님아버지시며 우리의창조주아버지시네
우리의부모님은 날낳아길러주시며 말씀을가르친어버이시네
나의주예수님은 고난의십자가지시고 하나님그분께효자되―셨네
나의주예수님은 고난의십자가에서도 어머님노후를책임지―셨네
나도예수님처럼 하나님말씀에순종해 주님께효자되게하소서
나도예수님처럼 부모님말씀에순종해 부모께효자되게하소서
효자이신예수님 만왕의왕되신것처럼 내게도천국상받게하―소서
효를행한성도들 하나님약속하신대로 이땅의큰축복받게하―소서
어허야어야디야 어허야어야디야 할렐루야할렐루―야
할렐루할렐루야 하나님아버지공경하여 하나님나라확장하――세
할렐루할렐루야 우리의부모님공경하여 하나님말씀전수하――세

7. 합심기도회

합심 기도를 할 때에는 한국식으로 온 가족이 식탁에서 내려와 바닥에 무릎을 꿇고 앉아서 먼저 개인별로 하나님에게 기도

2장 한국형 주일가정식탁예배 순서 153

를 드린다. 그리고 촌수의 서열대로 가장 연장자부터 한 사람씩 엎드린 후에 나머지 온 가족이 그의 등에 손을 얹고 그의 기도 제목을 위하여 간절히 중보기도를 해 준다. 아버지는 이때에 자녀들의 머리에 손을 얹고 기도해 주어도 좋다.

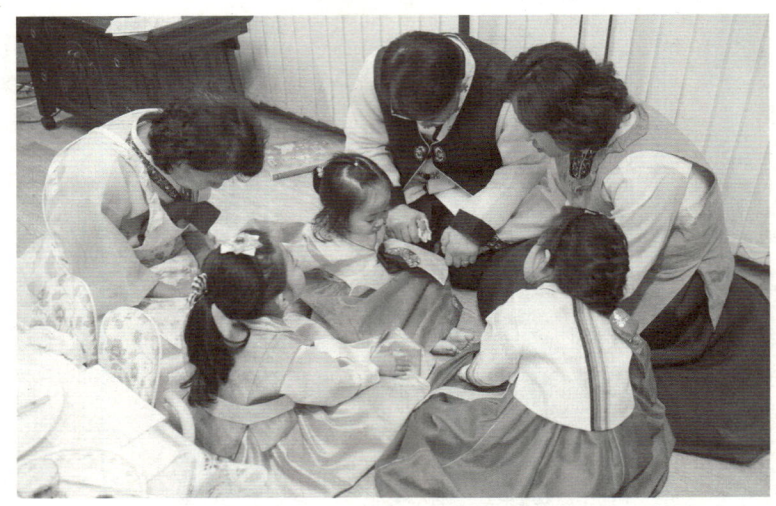

식탁 예배를 마치면 유대식이 아닌 한국식으로 방 바닥에 무릎을 꿇고 가족끼리 통성으로 합심기도를 한다. 이 때 성령님의 은혜가 넘친다.

8. 폐회: 주기도문

각자 소리 내어 외워도 좋고 찬양으로 불러도 좋다.

마태복음 6:9-13

"하늘에 계신 우리 아버지, 아버지의 이름을 거룩하게 하시며 아버지의 나라가 오게 하시며, 아버지의 뜻이 하늘에서와 같이 땅에서도 이루어지게 하소서. 오늘 우리에게 일용한 양식을 주시고, 우리가 우리에게 잘못한 사람을 용서하여 준 것 같이, 우리의 죄를 용서하여 주시고, 우리를 시험에 빠지지 않게 하시고 악에서 구하소서. 나라와 권능과 영광이 영원히 아버지의 것입니다. 아멘"

** 폐회 후: 잠자리 들기 전 쉐마 한국 예절 가르치기

자녀들이 잠자러 방에 들어가기 전에 조부모와 부모님들에게 한국식 예절로 큰절을 올리게 한다. 자녀들이 큰절을 할 때에는 어른들에게 이렇게 말하게 한다.

"000님, 000님 편안히 주무세요."

어른들은 이렇게 화답한다.

"오냐, 예수님 생각하며 단잠 자거라."

큰 절이 끝나면 가족끼리 서로 포옹해준다.

절기 예식이 모두·끝난 후 자녀들은 잠자기 전에 부모님에게 큰절을 하고 방에 들어가 취침한다. 이렇게 자란 자녀의 인성을 생각해 보라

절기 예식이 모두 끝난 후 온 가족이 서로 포옹하며 끈끈한 가족 사랑을 나눈다. 가정이 천국임을 실감한다

나가며

　이상은 토요일 저녁 한국인 기독교인을 위한 한국형 주일가정식탁예배 예식서이다. 유대인은 안식일에 이런 식탁 예배를 세 번 드린다. 금요일 저녁, 토요일 오전 회당 예배를 마치고 점심시간에, 그리고 토요일 저녁 해가 지기 전에 드린다. 금요일 저녁과 토요일 점심 식탁예배는 대동소이하고, 토요일 저녁 해가 지기 전에 드리는 예배는 약간 다르다. 새로운 창조적이고 희망찬 주를 맞이하는 예식으로 치러진다.

　그러나 한국 교회는 거의 모든 프로그램들이 주일에 맞추어져 있기 때문에 목회자와 교인들이 주일에 너무 바쁘다. 따라서 유대인처럼 지키는 것은 아직은 시기상조다. 그래서 주일 점심과 저녁은 각자 형편에 따라 하는 수밖에 없다. 그러나 어느 정도 쉐마교육이 교회에서 유대인처럼 주일에 대한 옳은 개념이 정착되면 그 때 개정판에 주일 점심과 저녁 식탁예배 예식서를 만들 예정이다.

　그래도 주일 낮이나 저녁에 실천하고 싶은 성도가 있다면, 제1장 '한국형 주일가정식탁예배 준비' 중 절기 복장이나 절기 음식 등은 동일하게 하고 나머지는 반복하지 않아도 될 것이다. 오직 제2장 '한국형 주일가정식탁예배 순서'에만 충실하면 될 것이다.

　그리고 본 예식서는 각 가정에서 가족 수대로 교회의 주보처럼 나누어 주어 사용하게 하되, 한 번 사용하고 버리면 안 된다. 다음에 사용하기 위하여 잘 보관해 놓아야 한다. 그리고 외부 가족들이 참석할 것을 대비하여 충분히 준비해 놓는 것이 좋을 것이다.

　이외에도 한국인 기독교인에게 더 지켜야 할 절기들이 있다. 개신교에서 지키는 부활절, 추수감사절, 크리스마스, 신년절기 등과 더불어 한국인에게 필요한 3.1절, 6.25전쟁 기념일, 제헌절, 광복절, 한글날 등과 같은 절기도 함께 지켜야 한다. 앞으로 더욱 연구하여 개정판에서는 이런 절기 지키는 예식서도 만들 예정이다. 여러 쉐마가족들의 많은 조언과 기도를 부탁한다.

> "
> 행복을 밖에서 찾으면 마지막에 비극이 오고
> 가정에서 찾으면 천국의 기쁨을 누린다
> "

참고: 한국형 가정주일식탁예배 체험을 원하는 분은 아래로 연락하세요(단, 쉐마교육을 받은 분들을 우선으로 합니다).

서울 일산 지역: 백승철 목사(새빛충신교회, bsclmk@hanmail.net)
인천지역: 박금주 목사(온세대큰빛교회, zion101@hanmail.net)
대구지역: 권창규 목사(좋은가족교회, silguy97@hanmail.net)
　　　　　임성수 목사(성지교회, fisher419@naver.com)
부산지역: 정주헌 목사(자라남교회, j-heon@hanmail.net)
　　　　　노욱상 목사(우리품교회, wsnoh2003@hanmail.net)
목포지역: 김병갑 집사(목포서로사랑교회, byeongkab2000@gmail.com)
카나다: 김치남 목사(토론토, 예수촌교회, clska@rogers.com)

부록1

한국형 주일가정식탁예배 실천자들의 증언!

편집자 주_ 한국형 주일가정식탁예배 실천자들의 증언이 많으나, 부득이 몇 분만을 고르게 되어 나머지 분들께 죄송한 마음을 전합니다. 쉐마교육연구원 홈페이지(www.shemaiqeq.org)에 더 많은 간증문이 실려 있으니 참고하시기 바랍니다.

잃어버린 지상명령 쉐마는 제2의 종교개혁
- 김치남 목사 (캐나다 예수촌교회)

내 가정의 쉐마가정예배 임상 리포트
- 박금주 목사 (온세대큰빛교회)

미국 유학길에서 만난 쉐마가 인생의 진로를 바꾸었다
- 이영란 사모 (박금주 목사 아내)

쉐마는 우리 가정의 홈스쿨에 근본적인 뿌리를 바꾸어 놓았습니다
- 전실경 사모 (권창규 목사 아내)

식탁에서 가족끼리 2시간 이상 격렬한 성경 토론에 놀랍니다
- 권지우 학생 (권창규 목사 장녀)

가정과 교회에서 쉐마교육목회 실천 임상 보고서
- 백승철 목사 (새빛충신교회)

IQ에서 EQ여인으로 변했더니 가정과 교회가 천국이 되었습니다
- 이미경 사모 (백승철 목사 아내)

한국형 주일가정식탁예배 실천자들의 증언!

잃어버린 지상명령 쉐마는 제2의 종교개혁

김치남 목사 (캐나다 예수촌교회)

- 캐나다 예수촌 교회 담임
- 영남대학교 영문과 졸(BA)
- 쉐마교사대학 6기 졸업
- 총신대학원 졸(M.Div.)

쉐마목회와의 만남은 셀목회를 내려놓게 했다

나는 젊은 세대에 속한 목회자로 친구 목사들과 함께 이상적인 목회가 무엇인가를 무던히 찾아다니며 연구했다. 그 결과 하나님은 나에게 소중한 만남들을 선물로 주셨다. 그 만남들 중 예수님을 만난 후 지난 10여 년의 목회 여정을 돌아보면 두 번의 전환점을 가져온 만남이 있었다. 그것은 흔히 제2의 종교개혁이라는 셀목회와의 만남이다. 한국교회의 트렌드와 목회의 패러다임을 바꾸어 놓은 셀목회는 나의 모든 시간과 열정을 쏟아 놓기에 충분했다. 이것은 지금도 나의 목회 현장을 움직이고 있다.

그러나 쉐마목회자클리닉을 1차에서 3차까지 참석하는 중 나의 목회를 셀목회에서 쉐마목회로 전환 하게 하는 계기가 되었다. 셀목회와의 만남도 소중했지만 쉐마목회와의 만남은 셀목회를 내려놓게 했다. 쉐마목회를 통해 셀목회를 더욱 실제적으로 하게 되었기 때문이다. 이것은 교회의 개혁뿐만이 아니라 성도 개인과 가정의 변화를 더불어 경험하게 되었다.

그러므로 제2의 종교개혁은 교회의 많은 프로그램들과 사역들을 가정으로 위임하여 자자손손 말씀을 전수하며 잃어버린 지상명령 쉐마를 지켜 행하는 것이라 감히 확신한다. 이제 때가 찼다. 헝가리 독일계 유대인인 볼프강 짐존은 이렇게 말했다.

"마지막 때 교회를 향한 하나님의 부르심은 가정을 교회되게 개척하는 것이다."

〈교회와 가정에 적용하다〉
유대인의 안식일 절기를 기독교인의 주일성수에 접목하기 위한 준비

쉐마목회자클리닉을 참석하는 동안 많은 충격과 변화들이 있었다. 교회에서 3대가 함께하는 예배, 성경공부(세대간 알파코스), 3대가 함께 말씀암송과 묵상 그리고 셀모임과 기도회 등도 3대가 함께 한다. 토탈목회로서 다양성 속에서의 일치를 향한 프로세스들이다. 프로그램이 아닌 3대와 자자손손을 보는 프로세스이다. 여기에서는 간단히 우선 목회자로서의 우리 가정의 변화를 정리해 보고자 한다.

2007년 2월 쉐마목회자클리닉 3차 Field Trip 중 유대인의 안식일 가정 참석은 나의 목회에 있어서 가장 큰 충격이었다. 왜냐하면 유대인 안식일의 회당과 가정은 서로 균형이 맞추어져 있었기 때문이다. 그리고 오늘날 교회의 주일성수를 돌아보게 되었다.

기독교인의 주일은 교회당 중심에만 치우쳐 있고 가정에서의 주일성수는 보기 힘들다는 것을 발견하게 되었다. 현용수 교수님의 강의 중 "유대인이 안식일을 지킨 것이 아니라, 안식일이 유대인을 지켜 주었다"는 말씀이 실감나는 순간이었다. 유대인 안식일에서 받은 그 충격의 후유증으로 집사람과 나는 2달여에 걸쳐 가정에서의 주일성수를 위한 준비를 하기 시작했다.

우선 유대인 안식일 식탁처럼 주일성수를 위한 장식장과 각종의 그릇과 기기 등을 구입하러 다녔다. 가능하면 한국식으로 하되 성경적 의미를 살려서 하나씩 사들이기 시작했다. 재정적인 부담은 강의 중 현용수 교수님께서 유대인들은 하나님께 사용하는 성물에는 돈을 아끼지 않는다는 말씀에 용기를 얻었다.

한 예로 그릇은 전부 한국의 옥동이 토기를 구입했다. 아이들에게 그릇을 대할 때마다 하나님이 사람을 흙으로 창조하신 것을 알게 하기 위해서다. 각종의 기기들을 다 준비한 후 우리 가정에서 먼저 주일성수를 위한 가정예배(편의상 '쉐마주일식탁가정예배'라 부름)를 드리기로 했다.

모든 기독교 가정들이 가정예배를 드리기도 하고 드리지 못하는 가정들도 있다. 가정예배에 관련된 책들이 무수히 나오고 있지만 드리지 못하는 가정들 또한 많이 있다. 그 이유는 바쁘든지 준비가 어렵다 등등의 여러 가지 이유가 있겠지만 쉐마가정예배는 한 번 시작하면 계속 드리게 된다. 안식일이 유대인을 지킨 것처럼 쉐마주일식탁가정예배가 우리 가정을 지킨다는 것을 실감하게 된다.

이것은 방법이 아니라 쉐마목회자클리닉의 모든 에너지가 쉐마 주일 가정예배에서 경험할 수 있다고 생각하기 때문이다. 2007년 4월 15일 드디어 쉐마가정예배를 처음으로 드리게 되었다. 이 날 나는 우리 집 장남에게 물었다. "아버지가 죽고 나면 누가 해야 하느냐?"라고 아들의 대답이 "제가요" 하는 순간 우리 가족은 하나님께 감격의 감사를 드리기도 했다. 지금은 아이들이 주일의 식탁교제를 더욱 기다린다.

우리 집 쉐마주일식탁가정예배 순서

우선 토요일 해가지면 가정의 기쁨과 행복을 책임지는 어머니가 딸들과 함께 가족의 수대로 촛불을 켜며 가정의 웃음이 어머니로부터 시작됨을 알린다. 주일 아침이 되어 어머니가 식사를 준비하는 동안에는 아버지가 자녀들에게 성경을 가르친다.

1. 나 자신을 성결케 하라

토요일 오후가 되면 아이들과 모든 가족이 나 자신을 성결케 하기 위해 깨끗이 씻는다. 샤워를 하면서 몸과 마음을 정결케 하고 경청의 방에 들어가서 말씀을 묵상하며 기도한다.

2. 성전인 가정을 성결케 하라

가정은 성전이다. 토요일 오후에는 온 가족이 대청소를 실시한다. 집 안 구석 구석을 청소하며 어머니의 일을 도운다.

3. 식탁을 거룩하게 하라

주일의 식탁은 제단으로 하나님께 드려지기 위해 식탁을 레스토랑보다 더 분위기 있게 해야 한다. 아이들은 모두 말끔한 복장을 하고 다 같이 침묵 가운데 부엌 싱크대에 가서 손을 씻는다. 그리고 식탁가에 둘러서서 김씨 가문의 쉐마3대찬양(현용수 교수님이 작사하신 국악 찬양 쉐마3대찬양을 김씨네 3대가 찬양드린다…로 바꾸어 찬양한다)을 부른 후, 어머니를 포함하여 장자부터 순서대로 무릎을 꿇은 채로 아버지의 축복기도를 받는다. (자녀와 아내를 축복하는 기도 내용은 현용수 교수님의 IQ-EQ책에 있음) 이어서 식사를 하기 전에 식사를 준비하느라 수고한 어머니를 축복하며 찬양하는 시간을 갖고 식사가 시작된다.

(어머니를 위한 찬양은 온 가족이 아내와 어머니를 향해 잠언 31장 28-30절에 있는 현숙한 여인에 대한 찬송과 '당신은 사랑받기 위해 태어난 사람'을 불러 아내와 어머니를 기쁘게 해준다.)

4. 나눔의 시간

그리스도의 몸을 내어 주심을 기념하여 우리도 내어줌의 삶, 나눔의 삶이

식탁에서 시작되게 한다. 첫 번째 코스는 포도쥬스로 애찬을 나눈다. 몸을 성결케 하는 의미를 이야기한다. 두 번째 코스는 식사에 대한 감사기도를 드린 후 아버지가 음식을 나누어 준다. 모든 것이 한 분 하나님으로부터 시작되며 한 공동체에서 서로 나누는 삶을 배우도록 한다.

세 번째 코스는 식사를 하며 말씀 묵상에서 함께 나누고 싶은 것이나 잠언의 지혜와 가훈 그리고 학교생활 등을 주제로 이야기한다. 말씀 전수의 사명을 확인하는 시간이다. 네 번째 코스는 쉐마효도찬양과 기도로 마무리한다. 효도교육을 심어주기 위함이다. 마무리 후 설거지는 각자의 먹은 것을 각자가 한다. 고난의 삶에 동참함을 의미한다.

쉐마교육은 제2의 종교개혁이요 토탈목회다

우리 가정과 나 자신의 변화는 곧 교회의 변화를 예고했다. 많은 목회자들이 정작 교인들은 가르치면서 각자의 사역이 너무나 바쁘다 보니 자신의 가정을 돌아보지 못하고 자녀를 말씀으로 가르치지 못하는 기이한 현상이 있게 된다. 하나님께 회개하고 나니 목회의 올바른 방향이 보이기 시작했다.

그리고 유대인의 안식일 가정에 대한 후유증은 아직도 나에게 생생하게 살아있다. 그 후유증은 이제 우리 교회 식구들과 함께 나누게 되었다. 주일 아침이면 각 가정을 우리 집으로 초대한다. 함께 쉐마주일식탁가정예배를 체험하게 하기 위함이다. 그리고 온 교인들이 가정에서 이를 실천하게 될 날이 올 것이다. 얼마나 그리도 찾던 이상적인 목회인가! 이것이 제2의 종교개혁이요 토탈목회다. 쉐마를 만나게 해주신 하나님과 현용수 교수님에게 감사를 드린다.

쉐마목회자클리닉을 졸업한 후 셀목회를 내려놓았다.
쉐마목회를 통해 셀목회를
더욱 실제적으로 하게 되었기 때문이다.
이것은 제2의 종교개혁이요 토탈목회다.

한국형 주일가정식탁예배 실천자들의 증언!

내 가정의 쉐마가정식탁예배 임상리포트

박금주 목사 (온세대큰빛교회)

- Golden Gate Baptist Seminary (D. Min. 수료)
- South Western Baptist Seminary (MARE)
- 쉐마교사대학 8기 졸업
- 총신대 신대원 (M. Div.)

교회교육의 대안을 목마르게 찾고 또 찾아 헤메었다

유대인의 쉐마교육을 접하고 나서 내 목회의 방향이 완전히 달라졌다. 목회 10년 세월이 비록 허송세월은 아니었다 하더라도 이전에 배웠던 모든 것을 합한 것 보다 더 많은 것을 유대인 쉐마교육에서 깨닫고 배웠다. 그리고 실천했고 그 열매는 달콤했다.

총신대학원 졸업과 동시에 나는 다음세대 전문 목회의 꿈을 꾸었다. 그 꿈을 이루기 위해 나는 국내의 수많은 교육 세미나, 즉 부모교육, 성경공부, 교사교육, 가정 세미나 등을 열심히 쫓아다니고 관련 책들을 섭렵했다. 그럼에도 "무엇인가 부족한 듯하다"는 갈증에 늘 시달려야 했다. 내가 아무리 목소리를 높여 교사들과 교인들을 가르쳐도 주일학교와 같은 교회교육에 한정되어 있을 수밖에 없다는 한계 때문이었다.

기실 교회교육은 전문화되고, 또 교수법도 제법 세련되고 다양해졌다. 하지만 그 영향력은 교회에 한정되었다. 교회교육의 영향력은 20%도 채 되지 않았다. 그 영역에 교회학교의 예산 전부와 교회 전체 예산의 약 50% 그리고 교역자들의 에너지를 온통 쏟아붓는다는 것은 지나친 희생이었다. 열정과 노력을 쏟은 까닭에 나름대로 교육목회에 자신 있다고 자부하던 나에게도 시간이 지날수록 회의감이 몰려왔다.

나는 엉터리 가정과 교회교육 전문 강사였다

나를 가장 힘들게 한 것은 나도 제대로 할 수 없는 것들을 앵무새처럼 교사들에게, 혹은 학생들에게 가르쳐야 한다는 것이었다. 사역자인 나는 탈진했고 학생들은 여전히 변하지 않았다. 얼마나 스스로 자책하고 또 자책했는지 모른다.

"과연 대안은 있을까? 무엇이 어디서부터 어떻게 왜 잘못된 것일까?"

고민이 깊어갈수록 갈증은 더해만 갔다. 결국 나는 그 갈증을 풀기 위해 2004년 8월 홀연히 미국 유학길에 올랐다. 미국에서 기독교교육으로 유명하다는 텍사스 주 달라스의 한 신학교에 입학, 석사과정을 마쳤다. 하지만 끝없는 불안과 갈증은 결국 해소되지 못했다. 오히려 허탈감이 더했다.

교육자라면 부모교육과 가정교육이 교회교육보다 우선임을 모르는 사람은 아마 없을 것이다. 하지만 크리스천 부모교육에 대한 일반론은 넘쳐나지만 왜, 어떻게 라는 질문을 할 때 그 답을 정확하게 짚어주는 분은 많지 않았다. 그것은 본인들도 그 해답을 모르고 있거나 제대로 해 본 적이 없기 때문일 것이다. 사실 나는 이것조차 깨닫는 데 오랜 시간이 걸렸다.

미국 유학 시절 받았던 쉐마교육 첫 시간에 "바로 이거다"

미국 달라스에서 유학 중에 섬기던 담임목사님의 권유로 2008년 3월 쉐마 목회자클리닉에 참석했다. 자녀교육 세미나를 하나 더 듣는다고 해서 무슨 선한 것이 나오겠는가? 뻔한 내용이겠지 생각했다. 내가 그래도 기독교교육으로 유명한 미국 신학교에서 기독교교육 석사 학위를 받았는데….

하지만 첫 날부터 내 교만의 그릇이 산산조각나기 시작했다. 엄청난 충격이었다. "바로 이거다." 나는 숨죽이며 현 교수님의 강의를 듣고 또 들었다. 스펀지처럼 빨려 들어갔다. 나를 괴롭히던 만성적 갈증으로부터 점차 해방되는 기분이었다. 깡마른 사막을 걷다 발견한 오아시스가 바로 이런 것일까? 그토록 목말라 하던 온전한 교육의 패러다임, 하나님이 가르쳐준 유대인의 선민교육 즉 쉐마교육이었다.

그것은 한 마디로 전문화, 파편화, 추상화, 이론화에 치중하던 헬라식 교육에 과감히 종지부를 찍고 새로운 출발을 알리는 히브리식 교육의 혁명이었다. 유대인은 통전적으로 가정과 교회, 민족, 세계를 생각했다. 하나님은 그들을 가르치기 위해 통전적 역사를 통해 신앙을 전수하게 했다. 나, 가정, 교회, 민족, 세계 이 원형의 파고는 엄청난 것이었다. 가정이라는 장 속에서 퍼져나가는 파문의 크기는 상상 그 이상이었다. 나는 실로 오랜 기다림과 몸부림 끝에 바람직한 성경적 가정교육의 원형을 유대인의 쉐마교육에서 발견했다.

현 교수님 책을 한 권도 빠짐없이 읽고 또 읽었다

그 해 3월 쉐마교육을 받았을 때에 나는 미국에서 목회학 박사 과정에 있었다. 쉐마교육을 듣고 난 후 다음 학기 주제였던 인성교육 세미나도 듣기 전에 나는 쉐마교육 이식에 골몰하고 있었다. 나는 확신했다, 내 모든 목회 철학과 사명의 결정체가 바로 쉐마라는 것을. 몇 달 동안 나는 현 교수님의 책을 한 권도 빠짐없이 읽고 또 읽었다. 메모하고 또 메모했다. 책을 읽어갈 때 반복되는 것이 많아 더욱 읽기 편하고 좋았고 유익했다. 그리고 마침내 쉐마에 대한 진정한 깨달음과 함께 가정에서 실천할 길을 모색했다.

쉐마교육을 가정에서 실천한다는 것은 내 가정의 전반적인 패턴을 통째로 바꾸는 일이다. 가정에서 하나님의 형상을 닮은 아버지와 남편의 역할은 무엇일까? 그리고 근본적으로 하나님 경외, 신앙전수, 삼대, 효, 말씀전수, 고난교육, 국가와 민족, 세계관 등 중요한 가치들을 종합적이고 체계적이며 반복적으로 교육하는 방법은 무엇일까?

1차적으로 유대인의 안식일에 삼대가 모인 가정예배에서 답을 찾았다. 다음으로 이튿날 아침 회당에서 드리는 공동체예배였다. 유대인들이 안식일에 드리는 가정예배는 여느 기독교 가정예배 예식서와는 달라도 너무 달랐다. 그 예배 순서 하나 하나에 숭고한 교육의 가치가 배어 있었고 경건훈련이었다. 말씀의 장이었고 효도교육의 장이었다. 아버지와 어머니 교육의 장이었으며 자녀교육의 장이었다.

한 마디로 표현하면 유대인들의 안식일 가정예배는 그들의 4000년 신앙전수의 결정체였다. 나는 현 교수님의 책과 강의를 토대로 가정예배 근거와 샘플, 유대인의 안식일절기 가정예배를 기초로 기독교식으로 재해석하여 쉐마가정예배의 모형을 만들기 시작했다. 현 교수님의 책을 될 수 있는 대로 많이 참고했다.

'구약의 잃어버린 지상명령' 창세기 18장 19절, 신명기 6장4-9절 실천 강령은 그 핵심 중의 핵심이었다. '부모여 자녀를 제자 삼아라'는 책 제목에서 보듯이 성경적 홈스쿨링에 대한 명확한 대안을 제시했다. 20여 권의 책을 계속해서 독파한 이후에야 비로소 어느 정도 신학적 근거, 성경적 근거, 인성적 근거, 교육적 근거를 갖춘 일정한 예식(liturgy)서가 들어간 가정예배 초안을 완성할 수 있었다.

드디어 내 가정에서 쉐마가정예배를 실시했더니…

그 준비 과정이 몇 개월은 걸린 것 같다. 아내에게 먼저 이 사실을 알리고 쉐마에 대해 설명하고 또 설명했다. 아내는 "이런 적이 한 두 번이었냐? 좋은 일이라고 하니까 따라는 가 주겠지만, 나에게 변하라고 절대 하지 말고, 당신이 묵묵히 변하면 내가 따라 가겠다"라고 했다. 모험이었다. 다짐하고 또 수차 다짐했지만 어찌 내게 부족함이 없겠는가? 괜히 일만 벌리고 자존심만 뭉갤 것만 같았다. 만약 또 그만두면 아내는 "그러면 그렇지!" 하며 비웃을 게 뻔했다. 몇 번이나 도루묵이 될 뻔한 위기에서 나는 자존심을 완전히 접고, 쉐마를 가정에 이식하기 위해 혼신을 다했다.

가정예배가 도입된 지 몇 달이 지나자, 아내가 약간 이상한 눈초리로 바라보기 시작했다. 다른 세미나 약발은 몇 날, 몇 주를 못 갔는데, 계속해서 달라지니 아내는 쉐마에 대해서 무척 궁금했던 모양이다. 가정예배를 드리기 시작하면서 아이들과 시간을 더 많이 보내고 저녁에 아이들에게 책 읽고 축복기도를 하는 등 나 자신이 점차로 달라졌기 때문이다. 또한 기도와 말씀 보는 양과 질이 늘어가기 시작했다.

아내와 아이들은 내가 그동안 교회에서 무엇을 하는지 몰랐다. 눈에 보이는 공적인 사역만을 보았을 뿐이다. 가정에서 아내와 아이들에게 아무 것도 안 하고, 그들과의 관계도 안 좋은 상태에서 교육목사로서 뱉어내는 설교와 감당하는 사역이 얼마나 이치에 맞았겠는가? 특히 아내의 눈은 속일 수 없었다. 커가면서 점차 삶의 진실한 면을 꿰뚫어 보는 아이들의 눈도 더 이상 외면할 수 없었다.

내가 쉐마교육을 만나고서 변하고 있었다. 아내도 어느덧 쉐마에 관심을 나타내기 시작했고, 틈만 나면 쉐마에 대해서 이야기해 달라고 했다. 아는 대로 아내에게 설명했다. 그러다가 어느 순간 아내도 쉐마를 들어야 제대로 쉐마가정예배를 할 수 있다는 확신이 들었다. 그러는 중에 주님께서 기회를 주셨다. 내가 아이들을 돌보기로 하고 아내를 세미나에 보냈다. 1차, 2차, 3차 견학까지 세미나에 같이 다녀왔다. 물론 나보다는 한 기수 후에 갔지만 아내도 완전히 쉐마에 녹아 있었다. 부부가 같이 들어야 효과가 좋다는 현 교수님의 말씀이 전혀 틀린 말이 아니었다.

쉐마는 어렵지만 본질적인 교육이다. 왜냐하면, 가장 중요하고 힘든 것에 대해 변화를 요구하기 때문이다. 교회에서 적용하기 또한 그 이상 힘든 영역일 것이다. 눈에 보이지 않는 목회자 자신과 성도들의 가정영역에서 먼저 변화가 선행되어야 하기 때문이다. 목회자는 몇 시간 보는 교인들의 눈, 교인들은 몇 시간 보는 목회자의 눈을 의식해서 눈치껏 신앙생활하면 전혀 불편하지 않다. 하지만 가족들은 다르다. 가정에서는 변화의 흉내가 아니라 진짜로 변해야 한다. 하나님을 경외하는 모습을 가족들에게도 전수가 안 되면 내가 경외하는 하나님은 누구신가? 믿는 척하는 신앙은 한 두 시간은 할 수 있을 지는 모르겠다.

이렇게 시작한 가정예배는 2008년 12월 인성교육 세미나, 2009년 2월 LA 3기 유대인탐방과 견학세미나를 통해 점차 확고히 자리를 잡고 다듬어졌다. 인성교육 세미나를 듣는 동안 왜 쉐마교육이 가정교육과 교회교육의 대안인가에 대해 그 분명한 원리를 알게 되었다. 3기 견학 세미나와 김치남 목사님의 적용 세미나는 가정영역이 교회에 적용되며 학교와 민족에게도 확대되고 서로 어떤 영향을 미치는지 가늠할 수 있게 했다. 유대인 안식일 절기 가정예배 탐방 때에는 그 실제를 통해 쉐마가정예배의 의미가 더욱 분명해졌다. 이후 나는 계속해서 책을 읽고 쉐마 세미나마다 부지런히 참석했다. 현교수님의 신간 서적은 빼놓지 않고 읽고 또 읽었다. 간과했던 중요한 부분들을 꼼꼼히 찾아야 했기 때문이다.

[편집자 주: 이어지는 다음 제목들의 내용은 홈페이지(www.shemaiqeq.com)에서 볼 수 있습니다]

쉐마가정예배의 실천 결과 나·가정·교회·민족을 살린다

쉐마가정예배에 임한 성령님의 역사에 놀라다

쉐마3대가정예배에 나타난 은총

결론

내가 경험한 종합적 가정문화 변천과 말씀의 세대전수, 가정을 통한 전 교육 영역에 걸친 불가해한 문제의 근원적 해결은 멀고도 험한 길이었다. 그 여로의 종착지가 쉐마교육이었다. 나는 한국 교회교육의 비극을 해결하는 대안은 쉐마가정예배에서 찾을 수 있다고 단언한다. 결국 우리는 쉐마가정예배에서 실천하는 가정교육과 신앙생활의 본질과 결과를 결코 간과해서는 안 된다.

철학과 삶, 문화, 습관, 아버지의 역할, 어머니 역할, 자녀, 효, 신앙 전수, 가정문화 전수와 창달 등을 가정에서 이룰 수 있다. 그 내면에서 얻어지는 거룩, 순종, 의, 거룩한 습관, 성품, 물질관, 세계관, 하나님, 예수 그리스도, 화해, 복음은 기독교의 본질이자 핵심이다. 하나님의 성품을 닮아가는 본질이다. 그 장이 가정이요 쉐마가정예배에서 배울 수 있다. 바로 그것이 예수를 닮아가는(Christlikeness) 개혁주의 교육의 목표 아닌가? 이런 모든 기독교의 핵심 중 핵심이 우리가 모르는 사이 생활 습관에서 나오는 것을 간과했다는 사실을 알아야 한다.

결국 쉐마교육과 이것의 실천방안인 쉐마가정예배는 총체적이고 종합적으로 크고도 높은 기독교 가치 철학과 신앙, 삶의 질을 높이는 것이다. 우리는 지금까지 쉐마교육이 교회교육의 목표 겸 본질을 이루는 장이요, 사회와 국가, 민족의 정체성과 수많은 문제들을 해결하고 인성을 함양할 좋은 교육이었음을 왜 그토록 간과했고, 몰랐을까? 사실은 몰랐다기보다는 구호로는 교회마다 목사님마다 강단에서 외치는 외침이 있었지만, 실은 어떻게, 왜, 무엇을 해야 할지를 잘 몰랐던 것이다. 성경적 유대인 교육에 대해 너무 무지했거나 오해하여 지금까지 서자취급 했다고 해야 옳을 것이다. 이런 측면에서 쉐마교육을 발견하고 연구하여 기독교 교계에 소개한 현용수 박사님의 공은 결코 작다 하지 못할 것이다.

나는 오늘날 대한민국의 하늘을 보며 쉐마교육연구원을 통해 성경적 유대인 교육이 우리 민족의 가정과 교회를 살리고 세계로 퍼져나갈 것을 기도한다.

한국형 주일가정식탁예배 실천자의 증언!

미국 유학길에서 만난 쉐마가 인생의 진로를 바꾸었다

이영란 사모 (박금주 목사 아내)

- 온세대큰빛교회 사모
- 쉐마교사대학 9기 졸업
- 이화여대 종교음악과 (BA)

온갖 가정사역의 약발이 일주일을 넘기지 못하는 남편의 모습

남편은 서울에서 교육목사로 섬기는 동안 각종 교육 세미나와 가정사역 프로그램을 두루 섭렵했다. 그러나 세미나의 약발은 일주일을 넘기지 못했다. 이왕 갔다 왔으면 교회만 가르칠 것이 아니고 자신이 뭔가 변화되어 가정에 선한 유익이 되길 바랐지만 그때뿐이었다. 급기야 남편은 점점 어려워져 가는 교회교육의 대안을 찾아야 한다며 미국 유학길을 선택했다.

그런데 변화는 전혀 엉뚱한 곳에서 우연한 기회에 찾아왔다. 기독교교육으로 유명한 달라스의 한 미국 신학교에서 석사학위를 받고 목회학 박사과정에 입학해 공부하게 되었을 때였다. 지난 2008년 쉐마목회자클리닉을 다녀온 남편은 자신이 애타게 찾던 가정교육과 교회교육의 대안을 쉐마에서 발견한 것이다. 그것은 너무나 극적인 변화여서 우리 가정의 신앙생활을 송두리째 바꾸고 하나님 나라를 향한 전혀 새로운 사명을 갖게 될 줄은 꿈에도 생각하지 못했다.

처음에는 남편이 변할수록 나는 더 피곤해졌다. 어느 날 남편은 난데없이 쉐마가정예배를 드리자고 했다. 가정예배를 드리자고 노래를 부를 때는 콧방귀도 안 뀌던 남편이 자발적으로 가정예배를 드리자고 하다니 남편의 갑작스런 제안을 어떻게 해석해야 할지 난감했다. 마침내 결혼한 지 10년 만에 우리 가족은 식탁에 앉아 첫 예배를 드렸다.

그런데 이게 웬일? 남편은 내가 알고 있는 보통 가정예배가 아닌 한국식 예전(禮典)이 깃든 쉐마가정예배를 드려야 한다고 주장했다. 한국식 쉐마가 정예배를 드리자니 준비할 일이 얼마나 많은지 신경질이 날 지경이었다. 애 찬식을 위해 특별한 음식과 빵과 포도쥬스를 준비하고 청결을 위해 집안 청 소와 개인 샤워를 해야 했다. 게다가 한복까지 차려 입으려니 번거롭기 그 지없었다. 그냥 아무거나 깨끗한 옷을 입고 하면 어떠냐고 해도 남편은 막 무가내였다. 한복을 입는 이유를 말하는데 인성이 어떻고 민족성 어쩌고, 저쩌고 하는데 이해할 수 없었다.

가정예배를 준비하고 드리는 시간도 너무 길어서 못마땅했다. 입이 삐죽 튀어나온 나는 발끈하는 마음이 속에서 부글거렸다. 두세 번 예배를 드리면 서 예배 시간은 조금씩 줄어들긴 했지만 난 여전히 너무나 힘들었다. 음식 하랴, 청소하랴, 아이들 샤워시키랴 매우 분주했다. 남편은 "하자" 라고 말 을 하면 다 되는 줄 아는 것 같았다. 거기에다 '빨리 해', '이거 해, 저거 해' 라는 소리가 나오면 속에서 화가 확 끓어 올랐다.

남편이 얄미워서 "나 안 해"하며
청소기를 내팽개치고 침대에 벌렁 누워버렸다

하루는 예배 준비에 여념이 없는 와중에 청소를 하다가 소파에 앉아 한가 하게 성경만 읽고 있는 남편이 너무 얄미워서 "나 안 해" 하며 청소기를 내 팽개치고 침대에 덜렁 누워버렸다. 그 제서야 발등에 불이 떨어진 남편은 미 안하다며 청소기도 돌리고 아이들 샤워도 시키며 예배 준비를 도와주었다.

그래도 나는 쉐마교육을 받지 못해 남편을 이해하지 못한 상태에서 불만 만 쌓여갔다. 그러던 중 현 박사님의 배려로 나에게 장학금을 주어 쉐마목 회자클리닉 1차, 2차, 3차를 무료로 듣게 하여 졸업장을 받았다. 쉐마교육과 인성교육 세미나를 듣고 보니 남편이 왜 한복을 입자고 했는지, 번거로울 것 같은 예배 순서 하나하나에 얼마나 큰 의미가 들어 있는지 그때서야 알 게 되었다.

이제 한국식 쉐마가정예배를 드리는 것이 억지로가 아니고, 스스로 좋아 서 드리게 되었다. 점차 요령도 생기고 지혜도 생겼다. 아이들은 자기들 방 을, 남편은 거실과 우리 방을 청소하고, 샤워는 각자 알아서 했다. 난 음식준비와 예배 준비만하면 되었다. 지금은 매주 토요일 밤 드리는 예배시간이 기다려진다. 그 안에서 자녀들이 배우게 될 교육적 효과뿐만 아니라 가족 사이에 쌓였던 죄악의 찌끼를 씻어내고 주님의 용서하심, 가족 간의 화해와 함께 공동체를 생각하는 마음까지 배우게 되니 얼마나 좋은지 모른다.

우리 아이들은 쉐마가정예배 드리는 것을 매우 즐거워했다. 아마도 두 딸들은 시집을 가서 자녀를 낳으면 똑같이 이렇게 예배를 드릴 것이다. 이것이 우리 자녀에게 줄 수 있는 가장 귀한 신앙의 유산이라고 생각하니 마음 속 깊은 곳에서 감사가 절로 흘러나온다. 또한 이 예배를 통해 두 딸은 하나님 아버지에 대한 경외심, 공급자이신 하나님에 대한 감사, 축복하시는 하나님에 대한 열망을 품는다.

이렇게 우리 가정은 쉐마가정예배를 드릴 때마다 '쉐마(들으라)'라고 외치시는 하나님의 음성을 듣는다. 그리고 돈 없는 유학생에게 장학금을 주시면서까지 듣도록 허락하신 현용수 박사님, 남편뿐만 아니라 저에게도 그런 기회를 주신 하나님께 감사드린다. 지금 우린 이 사역을 위해 하나님께서 분부하신 명령을 우리 자녀와 사랑하는 성도들의 가정과 자녀에게 전할 큰 사명을 띠고 있음을 깨달았다. 이 사역을 통해 우리 가정과 우리를 아는 주변 가정들, 교회, 더 나아가 대한민국과 세계의 가정들 가운데 긍정적이고 귀한 변화가 일어나길 소원한다.

**아이들은 자기들 방을, 남편은 거실과 우리 방을 청소하고
난 음식준비와 예배 준비만하면 되었다.
매주 토요일밤이 기다려진다.**

한국형 주일가정식탁예배 실천자들의 증언!

쉐마는 우리 가정의 홈스쿨에 근본적인 뿌리를 바꾸어 놓았습니다

전실경 사모 (권창규 목사 아내)

- 좋은가족교회 사모
- 코헨대학교 M.div 재학중
- 대구대학교 직업재활학과
- 쉐마홈스쿨 아카데미 원장
- 쉐마교사대학 11기 졸업
- 기독교홈스쿨 11년차

저의 가정에서 홈스쿨의 방향을 쉐마로 바꾼 가장 큰 이유는…

저의 가정에서 홈스쿨의 방향을 쉐마로 바꾼 가장 큰 이유가 있습니다. 현용수 박사님의 쉐마목회자클리닉에 다녀 온 후 구약성경의 하나님의 명령을 온전하게 실천하는 유대인의 삶을 기독교적인 복음과 함께 실천하고 싶은 확신이 들었기 때문입니다.

기독교는 복음과 은혜를 강조하지만 구체적인 실천 사항, 신앙과 인성교육에 구체적인 실천 사항이 부족하다는 것이 약점인데, 유대인들은 말씀 그대로를 실천하고 그것을 자손대대로 전수하고 있다는 것에 큰 감명을 받았고, 이러한 유대인의 가정과 회당, 학교를 중심으로 한 말씀 전수를 복음과 함께 홈스쿨링에 적용한다면 거룩한 자녀로 양육할 수 있으리라는 확신이 들었기 때문입니다.

현 박사님을 만난 이후 유대인들의 성경암송과 디베이트 교육은 하나님께서 성경을 통해 영혼들에게 주신 보물이며 자산임을 알고 홈스쿨링에 적용하며 교회의 여러 가정과 함께 실천하게 되었습니다.

또한 저희 홈스쿨에 큰 변화 중 하나는 주일가정식탁예배로 기존의 가정예배의 형태를 전환하고 규칙적으로 토요일 저녁에 온 가족이 함께 드리면서 다음과 같은 변화가 있었습니다.

기존 가정예배와는 달리 양초에 불을 붙이며 예배를 시작하고 예배가 마친 후에는 양초에 붙은 불을 끄고, 포도주와 빵을 서로 나누어 먹고, 맛있는 저녁 식사와 디저트를 먹고, 아버지와 어머니와 함께 성경에 대해 자유롭게 토론하는 형식이었습니다. 그렇게 하다 보니 나이가 어린 막내도 즐겁게 동참할 수 있어 아이들에게 예배에 대한 좋은 이미지가 심겨지고 긴 시간을 지겹지 않고 즐겁게 예배드리게 되었습니다.

남편도 변하고 아이들도 똘똘해지니 너무 행복합니다

가정식탁예배를 실천했더니 아버지의 권위가 더 강하게 세워지고 아버지의 자녀 양육에 대한 태도가 더 적극적으로 변화되는 계기가 되었습니다. 그래서 자녀와 아버지의 관계가 항상 친밀하고 갈등이 생길 틈이 생기지 않아 자녀들이 순종의 태도를 유지할 수 있었습니다. 물론 홈스쿨로 아버지가 아이들과 함께 하는 시간이 있긴 했으나 그 때에 비하면 비교되지 않는 아버지의 적극적 참여와 지도가 생겨났습니다.

탈무드 디베이트식 성경토론 시간은 가족 간에 성경에 대한 깊은 대화와 다양한 생각들을 주고받으며 서로를 이해하는 깊이가 더해지고 친밀해지는 경험을 하게 되었습니다. 그러면서 성경적인 기준과 가치관을 더욱 구체적으로 가르치고 심어줄 수 있는 계기가 되고, 아이들에게 스며들어온 세상적인 가치관이나 잘못된 생각들을 바로잡아 줄 수 있었습니다. 곁에서 아버지가 가르치는 모습에 아이들이 변하는 것을 보는 것은 큰 기쁨입니다.

가정식탁예배는 형식면에서 7가지 요소를
모두 자극하고 채우는 예배입니다

알고 보니 주일가정식탁예배는 형식면에서 시각, 청각, 미각, 촉각, 후각, 인성, 영성 7가지 요소를 모두 자극하고 채우게 하는 예배 형식입니다. 포도주가 흘러 8개의 각 잔으로 흘러들어가는 것을 보며 예수 그리스도의 보혈을 배우고, 두 개의 빵을 자르는 것을 통해 제물을 드리는 것을 보고(시각), 찬양과 축복의 말과 성경에 대한 자유로운 생각들을 말하며, 즐거운 웃음소리를 들으며(청각), 포도주와 빵을 나누어 먹으며, 또 정성껏 준비한 저녁 식사와 디저트들을 먹는 즐거움을 누리며(미각), 아버지가 자녀를 위해 축복 기도하는 시간에 아버지의 손으로부터 느껴지는 안정감과 어머니를 축복하는 시간에 서로 허그

하며 가슴에서 뭉클함을 매번 경험하며(촉각, 인성), 포도주의 향과 빵의 향, 예배를 시작할 때 켜고 예배마친 후에 꺼야하는 양초에서 나는 향내를 맡고 어머니의 품에서 나는 어머니 냄새를 맡으며(후각), 이러한 오감을 통해 채워지는 인성과 영성이야말로 세상에서 돈으로도 살 수 없는 귀한 것입니다. 그것도 매주일 습관적으로 말입니다.

쉐마교육을 받은 부모가 아닌 다른 사람이었다면 이러한 7가지 요소를 고스란히 받아 누릴 수 없을 거라 생각되며, 부모가 아니고서는 자녀에게 흘려보낼 수 없는 축복의 예배 형식입니다.

각 순서의 성경적이고 신학적인 의미를 남편을 통해 알게 되고 아이들도 배우면서 가정예배의 깊이와 지속성 그리고 규칙성이 커졌습니다. 남편이 모든 토요일 스케줄을 없애고 가정예배에 집중하며 때론 서울이나 다른 지방에서 강의와 사역을 하더라도 토요일 저녁이면 집으로 돌아와 가정예배를 인도하게 되었습니다.

그 전에는 남편이 토요일마다 늦은 밤까지 교회 식구들을 훈련시키기 위해 바쁜 일정을 보냈습니다. 그런데 쉐마교육을 받고 주일가정식탁예배를 하면서 토요일 저녁 교회 모든 모임은 각 가정에서 주일가정식탁예배로 변했고 그전 우리 가정이 먼저 그렇게 변하여 모델이 되었습니다.

주일가정식탁예배를 위해 음식을 준비하는 것은 저에게 큰 기쁨입니다

어머니로서 주일가정식탁예배를 위해 음식을 준비하는 것은 저에게 큰 기쁨입니다. 그리고 남편의 안수기도를 받고 아이들로부터 어머니의 노래로 위로받는 시간은 가장 행복한 시간입니다.

또한 쉐마를 실천하면서 아버지, 어머니, 자녀, 가정, 교회에 많은 변화들이 있었습니다. 교회의 여러 가정들이 강력한 능력으로 세워져 감을 보았습니다. 쉐마교육은 부모가 서로 단합하지 않을 수 없는 교육 방식을 제시하기 때문에 부부의 관계에 대해 계속 점검을 하게 되고, 성경암송과 디베이트 교육은 부모와 자녀와의 관계에서 이루어지기에 자녀에게 자연스럽게 사랑과 말씀이 흘러들어가게 되는 것을 경험했습니다.

성경암송과 디베이트 교육을 통해 성경암송 능력이 놀라울 만큼 향상되었습니다. 성경암송의 속도가 더욱 빨라져서 가속도가 붙어서 아이들의 성경 지식이 쌓여져 가고 있습니다. 아무리 어린 유아라 할지라도 성경의 내용을 이해하지는 못해도 성경은 암송합니다.

현 박사님의 성신학 책은
부부의 성 문제를 실제적으로 해결해 줍니다

요즘 제가 홈스쿨 어머니들 모임을 인도하면서 현 박사님의 성신학 책을 갖고 함께 스터디하는 데 부부관계의 기준과 어머니의 역할, 배우자를 구하는 법 등의 주제에 대해 명확한 기준을 정해주어 얼마나 좋은지 모릅니다. 부부간의 어려움과 불소통의 문제들이 이 스터디를 하면서 해결됨을 볼 때 너무나 좋습니다.

매주 한 장씩 읽고 와서 나눔을 하고 제가 정리를 조금씩 해주고 있습니다. 쉐마목회자클리닉에서 듣고 정리한 부분을 다시 가르치면서 제가 배우게 됩니다. 현 박사님께 감사드리며 다음은 어머니 신학 책을 어머니 모임에서 교재로 사용하려고 합니다.

홈스쿨 가정들마다 어머니가 변하고 아버지가 변하니 말로 다 할 수 없는 큰 도움을 얻게 되어 하나님께 감사하며 현 박사님께도 깊이 감사를 올립니다. 이번에는 주일가정식탁예배를 중심으로 소감을 적었습니다. 다음번에는 쉐마를 통한 홈스쿨과 교육의 전반 관련하여 말씀드리겠습니다. 감사드립니다.

식탁에서 가족끼리 2시간 이상 격렬한 성경 토론에 놀랍니다

권지우 학생 (권창규 목사 장녀)

■ 고 1학생

**현 박사님은 교육의 문제들을 콕 찝어 주시고,
그 대안까지 깔끔하게 정리해주었습니다**

우리 가정은 부모님과 3자녀 모두 5명입니다. 아버지가 일반학교를 위험스럽게 생각하여 미국에서 도입한 홈스쿨을 해 왔습니다. 하지만, 아버지가 그것도 한국인 문화에 맞지 않고, 성경적인 가정신학이 부족하다고 고민해 왔습니다.

그런데 저희 온 가족이 3년 전에 쉐마목회자클리닉에 참석한 이후부터 온 가족이 쉐마교육의 대열에 동참했습니다. 세미나에서의 현용수 박사님의 설교는 부모님으로부터 받은 기본적인 인성이나 예절에 관한 내용에서 더 나아간, 아주 구체적인 말씀들이었고 분명한 가치관을 전달해 주시는 것을 느꼈습니다. 이 시대와 교회의 문제점에 대해서 인성교육과 성경적인 입장에서 콕 찝어 말씀하시고, 그 해결책과 대안까지도 너무나 깔끔하게 정리되는 것을 보며 많은 깨달음을 얻었습니다.

쉐마클리닉을 다녀온 후부터 저희 가정은 쉐마주일가정식탁예배를 주일이 시작되는 토요일 저녁에 드리기 시작했습니다. 토요일마다 바쁘게 보내시던 아버지가 쉐마교육을 받은 이후 토요일 오후 저녁 스케줄은 비우시고 가정예배에 집중하셨습니다. 그리고 몇 주 지나지 않아 교회 토요일 훈련프로그램들이 없어지고 그 자리에 교회 식구들 가정마다 가정예배가 드려지도록 도우시고 지금은 대부분의 가정들이 우리 가정처럼 가정예배를 드리게 했습니다.

쉐마교육 전에는 우리 가정에서 가정예배를 일주일에 한 두 번 드리는 것이 전부였고 토요일에도 규칙적으로 드리진 못했는데 이제는 우리 가정뿐 아니라 대부분의 가정들이 가정예배를 드리고 있습니다. 놀라운 일이라 여겨집니다. 우리 가족은 온 식구들이 분담하여 함께 토요일 오전부터 청소를 하고 어머니는 음식을 장만하면서 그리고 한복으로 갈아입으며 주일 절기 식탁 예배를 준비합니다.

가정식탁예배에서
온 가족이 성경을 디베이트하며 너무 많이 배웁니다

처음에는 예배 중간에 포도 주스를 마시거나 빵을 같이 먹는 것이 어색했고 식사 후 아버지와 함께 성경 말씀을 읽고 서로 디베이트하는 것들이 멋쩍었지만, 매주 하다 보니 제 삶의 일부분으로 자리하게 되는 것을 경험했습니다. 또한 예전에 드리던 가정예배에서는 제가 참여하는 부분이 아주 작았을 뿐더러, 제 삶에 대한 나눔을 하더라도 말씀에 대한 깊은 뜻은 모르고 아주 기본적인 구절로만 제 삶에 연결을 시키곤 했습니다.

하지만 디베이트를 하면서 성경을 그냥 읽을 때는 몰랐던 여러 가지 사실들과 하나님의 깊은 뜻을 순간순간 느끼고 깨닫는 것 같아 저 자신에게 한 번씩 놀랄 때도 있었습니다. 디베이트가 2시간을 넘어설 때면 그 깊이와 토론도 격렬해지곤 합니다. 아버지의 신앙을 이해하고 물려받는 느낌도 들고 내 마음과 생각도 나눌 수 있어 참 행복한 시간입니다. 아버지와 이렇게 깊이 대화할 시간은 잘 없었던 것 같습니다. 그리고 저 자신과 동생들도 자신도 모르게 많이 똘똘해지고 있는 느낌입니다.

아버지께서 3년 반 전에는 쉐마를 저희 교회에도 가지고와, 적용하시기 시작했고, 한 달에 한 주일을 정해 다 같이 한복을 입고 교회를 가는 문화를 만들기도 했습니다. 교회 식구들 중에 매주 한복을 입는 가정들도 생기고 저희 가정은 매주 토요일 이후 한복을 입고 지내며 막내 동생은 한복을 입고 교회에 가는 것을 너무 즐거워합니다.

주일 오후에 드리는 예배는 쉐마 예배로 이름을 바꾸어 예배 순서가 가정식탁예배와 어느 정도 흡사한 부분을 담고 있습니다. 찬양을 하고 나서 다 함께 신명기 6장 4절에서 9절 말씀을 암송하고 한 주간 지었던 죄를 회개하는 기도 시간을 가집니다.

그 다음으로 기도할 때에는 아버지는 자녀들의 머리에 손을 얹고, 어머니들은 어깨에 손을 얹고 축복기도를 해주시는 시간을 가집니다. 찬양도 쉐마 3대찬양과 헌금을 드릴 때는 효도찬양으로 예배의 끝을 맺습니다. 이렇게 각 가정마다 주일을 준비하며 쉐마가정식탁예배를 드리고 교회에 와서도 가족들과 함께 공동체적으로 예배를 드리니, 저 뿐만 아닌 다른 사람들도 쉐마에 많은 영향을 받는 것 같습니다.

아버지가 기존 두 날개 훈련과정을 없애고 쉐마 두 날개 훈련 과정을 열었습니다

작년부터 기존 두 날개 훈련과정을 없애고 쉐마 두 날개 훈련과정이 시작되었습니다. 절반은 공동체 성전을 중심한 수평적인 전도제자도선교입니다. 그리고 나머지 한 날개는 구약의 지상명령에 기초한 가정에서 부모가 자녀들에게 말씀을 전수하는 것입니다. 각자 현 박사님의 책을 한 권씩 스터디하게 하고 교회에서 목사님이 강의해 주십니다.

공동체 성전과 가정 성전 두 가지를 균형 있게 공부해가는 것이 너무 좋습니다. 지난 학기에는 현 박사님의 저서 '성경이 말하는 남과 여 한몸의 비밀'(성신학) 책을 12주 동안 함께 공부했고 현재는 아버지 교육으로 '유대인 아버지의 4차원 영재교육' 책을 공부하고 있습니다. 어른들 훈련 과정에 중등 이상이 함께 참여하면서 세대차이가 없는 교육을 받고 있습니다.

그리고 가정과 공동체 성전을 균형 있게 배우게 되니 앞으로 결혼하여 어떻게 살아야 할지를 배우는 귀중한 기회가 됩니다. 함께 했던 한 이모는 아이를 더 갖지 않기로 했다가 임신하는 일도 있었습니다. 모두가 놀랐습니다.

현용수 박사님의 쉐마를 통해 많은 것을 저희 아버지가 아시게 되고 아버지를 통로로 하여 저희 가족으로부터 출발하여 저희 교회에 이르기까지 하나님이 진정으로 원하시는 가정의 모습과 그 가정이 이루는 교회의 형상을 알고, 그것을 추구하며 가는 것이 참 소중하다는 것을 다시금 깨닫습니다.

앞으로 저도 결혼하여 홈스쿨을 할 것이며 쉐마교육식으로 할 것입니다. 아버지가 5명 이상씩을 낳아야 함을 강조하시는데 이제 자연스럽게 받아들여집니다. 쉐마교육이 대단하다는 생각을 해봅니다. 이 모든 것은 하나님께서 현용수 박사님을 통해 주신 선물이라 생각됩니다.

현용수 박사님 감사합니다.

한국형 주일가정식탁예배 실천자의 증언!

가정과 교회에서 쉐마교육목회 실천 임상 보고서

백승철 목사 (새빛충신교회)

- 경상대 영어영문학과 졸
- 장신대 신대원졸(M.Div.)
- 인도네시아선교사(전)
- 일산충신교회 부목사(전)
- 쉐마에스라실천연구원 원장(현)
- 쉐마교사대학 12기 졸업
- 쉐마교육연구원 기획실장(현)

I. 문제 제기

1. 어린 시절부터 성경 1000독을 했는데

저는 경상남도 고성군 영현면 봉발리 금능 1053번지, 아침 저녁으로 버스가 한 번씩만 들어오는 깊은 산골 동네의 독실한 불교 가정에서 태어났습니다. 특히 저의 할머니는 불교에 신앙심이 아주 대단한 분이셨습니다. 그런데 저는 6세 때 외가인 사천시 정동면 소곡리에서 통합측 교회를 출석하게 되면서 기독교인이 되었습니다.

지금 현재 지리산에 있는 에스라하우스 원장이신 노우호 목사님을 통해 복음을 처음으로 접했습니다. 그리고 좋은 성경통독 강사 목사님을 만나 저는 어려서부터 지금까지 성경을 약 1000독 정도 하는 은혜를 누려왔습니다.

중학생이 되던 해에 저의 부친께서 자녀교육을 위해 진주로 이사를 했는데, 거기서 감리교 교회를 몇 개월 다니다가 집에서 가까운 곳에 천막에서 시작된 개척교회로 옮기게 되었습니다. 그 교회의 교단은 고신보다 더 보수적인 고려측 교회였습니다. 서울에서 오신 김정숙이라는 여자 전도사님께서 담임하셨는데 아주 열정적인 분이셨습니다. 그 전도사님께서는 여의도순복음교회 출신이신데 고려신학교에서 공부하셨습니다.

그 전도사님께서 서울에서 훌륭한 부흥사님을 초청하여 부흥회를 개최 하셨는데, 그 때 많은 성도들이 성령의 은사들을 함께 받는 기적이 일어났습니다. 저도 그 때 방언과 예언을 비롯한 다양한 성령의 은사를 받았습니다. 중학교 1학년 때였습니다. 예수님을 인격적으로 만나고 구원의 확신을 가진 것도 그 때였습니다. 나중에 깨달은 것은 그 때에 제가 받은 은혜가 성령세례였습니다. 그 후 학생 신앙운동인 고신측이 전개했던 SFC 활동을 열심히 했고, 더욱 성경공부를 열심히 했습니다. 이때부터 지금까지 새벽기도회에도 계속 참석하고 있습니다.

그리고 고등학교 1학 년에 때 파주 문산 고려신학교에 있었던 전국 SFC학생수련회에서 석원태 목사님의 설교를 듣고 목사가 되기로 결심하고 헌신했습니다. 지금 저의 아내가 된 자매도 함께 있었는데, 이 때 아내도 사모가 되기로 결심하고 헌신했습니다.

그리고 신학 준비 과정으로 경상대학에서 영어영문학을 공부했습니다. 신대원은 개인적으로 존경하는 교수님들 때문에 사당동 총신대를 가고 싶었으나 가족들과 친척들이 대부분 통합측이라 장신대 신대원에 들어가 공부했습니다.

2. 결혼 초기의 갈등

저는 나이 26세에 비교적 일찍 결혼했습니다. 성경을 잘 알기 때문에 결혼생활도 잘 할 수 있을 것 같았습니다. 결혼을 하기 전까지는 개인적인 신앙생활과 교회생활을 하는데 별다른 갈등이 없었습니다. 교회와 집과 학교를 오가며 성실하게 살아온, 한 명의 성실한 성도였습니다.

그러나 결혼을 하면서 제 마음에 엄청난 갈등이 생겼습니다. 곁에서 보는 부부의 삶과 실제는 역시 달랐습니다. "어떤 결혼생활이 성경적인 결혼생활인가?"라는 질문에 계속 부딪혔습니다. 저의 부모님과 목사님들도 경건한 결혼생활에 대해 구체적으로 가르쳐주시진 못했습니다.

"아니 그냥 살면 되지…." 라고 말할 수 있겠으나, 이미 성경을 읽을 만큼 읽고, 공부를 해 온 저에게는 모든 삶 속에 성령님께서 민감하게 반응하셨습니다. 그리고 "아이를 낳으면 어떻게 양육해야 하는가?"라는 질문에도 끊임없이 부딪혔습니다.

그래서 아버지로서 준비가 될 때까지 자녀를 주시지 말아달라고 하나님께

기도까지 했습니다. 그리고 실제로 하나님께서는 이 기도를 들어주셨습니다.

그러다가 2003년 1월에 쉐마를 만난 후, 결혼한 지 7년 만인 2004년 7월 13일에 첫 아이가 태어났습니다. 저는 성경을 1,000번을 읽었다고 해도, 성경적인 결혼생활은 또 다른 주제라는 것을 분명히 말씀드릴 수 있습니다.

결혼을 해보니 곁에서 보는 부부의 삶과 실제는 역시 달랐습니다.
"어떤 결혼생활이 성경적인 결혼생활인가?"

3. 성경말씀을 결혼생활에 실천하기 힘든 이유

왜 성경적인 결혼생활이 힘든가? 성경을 많이 읽어보신 분들은 잘 아시겠습니다만, 성경에는 "네 아내를 네 몸과 같이 사랑하라", "생육하고 번성하라", 그리고 "네 자녀를 주의 교훈과 훈계로 양육하라"등 많은 말씀들이 있습니다.

그러나 이런 말씀들은 아주 추상적이고 형이상학적인 표현들입니다. 왜 성경의 저자들인 유대인들은 성경을 기록할 때 이렇게 기록했을까요? 예를 들면 "안식일을 기억하여 거룩하게 지키라"는 말씀을 생각해 봅시다. 어떻게 하는 것이 거룩하게 지키는 것인지는 자세하게 기록하지 않았습니다. 왜 그랬을까요?

현용수 박사님에 의하면, 하나님은 유대인에게 실제 삶의 실천 방법으로 각 율법마다 실천할 수 있는 율례와 법도들을 별도로 만들어 주셨기 때문이라고 합니다. 세세한 실천 규정들은 주로 장로의 유전에 있습니다. 이를 할라카(הלכה)라고도 합니다. 나중에 이것이 탈무드에 집대성되었다고 합니다. [히브리어로 '가다, 걷다'의 뜻을 지닌 할라크(הלך) 동사의 명사형태다. 일반적으로 '길, 규정 또는 종교적 규칙'으로 번역되고 있다.]

유대인들의 삶 속에는 수천 년 동안 성경과 할라카에 근거한 문화와 전통을 만들어 지킴으로서 엄청난 지혜가 축적되었습니다. 그런데 신약 성경에는 바울이 이런 것들은 유대인이라면 서로가 이미 다 알고 있는 것들이기에 많이 생략했을 겁니다. 예수님을 만난 충격으로 주로 복음만을 기록하고 전하느라 시간이나 마음의 여유도 없었을 겁니다.

그래서 성경은 우리 이방인들에겐 다소 어렵게 된 것입니다. 신구약성경에 있는 많은 주제들 중 굉장히 중요한 주제 한 가지는 유대인과 이방인의 하나 됨일 것입니다. 이 부분에 특히 많은 공을 세운 분이 사도 바울일 것입니다. 특히 바울 서신의 곳곳에서 이방인과 유대인들이 서로 존중하며 살아야 한다고 선포하고 있습니다(롬 5:7, 고전 12:13, 갈 3:26-29, 엡 2:13-22).

오늘 우리는 이방인으로서 유대인들을 존중하는 자세로 그들의 법을 배워야 한다고 저는 생각합니다. 그들의 문화와 전통을 알지 못하면 절대로 해석할 수 없는 성경의 내용이 생각보다 대단히 많습니다. 그들의 문화적 컨텍스트(context) 안에서 성경을 읽어 볼 필요가 있습니다.

**고민 1: 왜 결혼생활에 대한 성경 말씀들은
구체적이지 못하고 추상적인가?
그런데 유대인은 어떻게 구체적으로 실천하는가?**

4. 현재 가정예배, 성경적인가

저는 결혼을 한 이후 가정예배를 드리지도 않았습니다. 왜냐하면 성경적인 가정예배를 배우지 못했기 때문입니다. 그리고 당시 일반화되어 실천되고 있던 가정예배는 성경에 비추어볼 때 문제가 많다고 저는 느꼈습니다.

아내에게는 가정예배에 대한 신학적 연구가 될 때까지 기다려 달라고 했습니다. 그러나 아내는 이런 저의 마음을 이해하지 못하고, "왜 전도사가 가정예배를 드리지 않느냐?"며 저를 이해할 수 없는 사람이라며 죄인 취급 했습니다. 그런 가운데서도 저는 심증은 있는데 물증이 없어 쩔쩔매는 재판석에 선 죄인처럼 딱히 저 스스로를 변호할 이론이 없었습니다.

부교역자 시절 담임 목사님의 지시로 교인들에게 가정예배 순서지를 만들어 제공하기도 했지만, 정작 저는 그 예배순서대로 예배를 드리지도 않았습니다. 그 때에도 아내가 저를 공격했습니다. "왜 교인들에게는 가정예배를 드리라고 가정예배 순서지를 나누어 주면서 자기는 실천을 하지 않느냐?"

며 저를 아주 이상한 목사라고 계속해서 공격했습니다.

그런 환난과 핍박 속에서도 저는 당시 이루어지고 있는 가정예배를 절대로 수용할 수 없었습니다. 왜냐하면 당시 한국 교회의 가정예배는 성경적이지 않다는 확신이 있었기 때문입니다. 그런 가운데 집요하게 요청하는 아내를 위해 신혼 초에 가정예배를 딱 한 번 드렸던 적이 있습니다.

퇴근하고 집에 와서 저녁을 먹고 우리 둘은 가벼운 잠옷 차림으로 마주 앉았습니다. 일반적인 가정예배 순서대로 사도신경을 함께 암송하고 찬송하고 기도하고 제가 설교를 한 10~15분 했던 것 같습니다. 그리고 아내에게 말씀에 대해 나누고 싶은 것이 있으면 이야기를 해 보라고 했습니다.

아내는 이 때다 싶었던지 그간 저에게 서운한 것, 불만스러웠던 것에 대해 배운 사람답게 조목조목 논리적으로 얘기하기 시작하는데, 제 설교 시간보다 훨씬 더 긴 이야기를 했습니다. 저는 여기에 질려 그만 감정이 상하고 말았고 아내도 마음이 상하여 그 후 가정예배는 10여년이라는 긴 장기 휴업에 들어가게 되었습니다.

여러분, 성경적인 가정예배에 대해 진심으로 고민해 보셨습니까? 저는 성경을 연구하면서 제가 그 동안 보고 배운 가정예배가 예배답지도 못하고 성경과 맞지 않은 부분이 많다는 것을 인식하고 있었습니다. "그러면 나는 어떻게 해야 할까?"라는 고민에 부딪힌 것입니다.

그 때 저는 성경 속에서 가정예배에 대한 자료들을 수집하고 있었습니다. 그런데 가정예배에 대한 자료들이 성경 곳곳에 여기 저기 파편적으로 흩어져 있어서 통 정리가 되지 않았습니다.

가정예배를 드릴 때 복장은 어떻게 하면 좋은지, 언제 드리는 것이 좋은지, 순서는 어떻게 하는 것이 좋은지, 헌금은 어떻게 해야 하는지, 또 설교는 어떻게 하는 것이 좋은지 등 뭔가 성경이 중요한 것들을 암시하고 있는데, 통 정리가 안 되었습니다.

잡힐 듯 잡힐 듯 하며 안 잡히는 노랑나비 같이 가정예배에 대한 말씀들은 그렇게 어려웠습니다. 깊은 산 속에서 산삼을 찾는 심마니 같이 뭔가 냄새는 맡을 수 있지만 매번 실패했습니다.

II. 구약의 지상명령 쉐마에서 원인을 찾다

1. 현용수 교수와의 만남

그러던 중 2003년 1월 저의 인생에 큰 충격적인 사건이 생겼는데, 바로 현용수 교수님을 만난 것입니다. 당시 저는 일산충신교회(구영철 목사 담임) 교육전도사로 있었습니다. 현용수 교수님의 한국에서의 첫 번째 목회자클리닉이 있었고, 저는 담임목사님의 배려로 제1기 스텝으로 참석했습니다.

그 때 교수님의 강의를 통해 성경에 기초한 구약의 지상명령을 이루기 위한 가정신학, 아버지 신학, 어머니 신학, 자녀신학, 경제신학, 효 신학 그리고 고난의 역사신학 등, 교육신학의 기본 이론과 함께 그 모델로 정통파 유대인들의 가정과 학교와 회당에 대한 이야기를 처음 듣게 되었습니다.

[필자 주: 신약의 지상명령은 수평적으로 '이웃을 제자 삼는 지상명령'(마 28:19-20)이고, 구약의 지상명령은 수직적으로 가정에서 '자녀를 말씀의 제자 삼는 명령'(창 18:19, 신 6:4-9)입니다. 자세한 것은 현용수 교수님의 저서 '잃어버린 구약의 지상명령 쉐마'(쉐마, 2009) 제1권 제2부 '하나님이 아브라함에게 주신 지상명령' 참조]

교수님의 강의를 들으며 저는 어마어마한 충격과 신기한 경험을 했습니다. 그 동안 그렇게 이해가 안 되던 말씀들이 마치 흩어져 있던 퍼즐 조각들이 한꺼번에 쫙 모이 듯 가정과 교회 그리고 학교에 대한 구체적이고 실제적인 말씀들이 창세기부터 요한계시록까지 새롭게 쫙 연결되는 것이었습니다. 머릿속에서는 그동안 막혀 있던 어둡고 긴 터널이 갑자기 뻥하고 뚫리는 체험을 했습니다. 전율 그 자체였습니다. 교육신학의 이론과 함께 그 모델을 강의와 현용수 교수님의 저서들을 통해 한 번 체험하는 것은 그렇게 엄청난 힘을 가지고 있었습니다. 그 충격은 며칠 동안 잠이 오지를 않을 정도였습니다.

현용수 교수님은 저에게 이런 질문을 한 적이 있습니다.

"역사적으로 성령을 받고 성경을 많이 아는 분들은 무수히 많지만, 대부분은 성경을 아는 지식으로 성경의 깊은 진리, 즉 영의 양식을 얻기 위한 연구는 많이 했지만, 성경에서 구체적인 삶의 방법을 찾는 데는 별 관심이 없었습니다. 그런데 백 목사님은 어떻게 하나님이 원하시는 삶의 방법에 그렇게 관심이 많습니까?"

저는 그것이 하나님이 저에게 주신 특별한 은사라고 생각합니다. 현 교수님의 책을 보면, 기독교인은 성경을 읽는 목적이 영혼의 양식을 구하기 위함이라고 하나, 유대인은 영혼의 양식도 구하지만, 어떻게 하나님이 원하시는 삶을 살 수 있을까를 연구하기 위함이라고 합니다.

쉐마목회자클리닉에 참석한 후 담임 목사님의 적극적인 후원 속에서 중대형교회였던 당시 교회에서 열심히 쉐마를 실천했습니다. 한복을 입고, 국악찬양을 하고, 제가 맡은 부서 아이들을 데리고 역사탐방을 하고, 신앙의 영웅들이 순교하신 순교지들을 찾아다니고, 그리고 열심히 성경통독 집회를 인도하며 온 열정을 쏟아 부었습니다.

그러나 이런 저의 모습을 보고 아내는 그렇게 호의적이지 않았습니다. 왜 한복을 입어야 하는지, 왜 국악찬양을 해야 하는지, 왜 역사탐방을 해야 하는지 등, 쉐마의 가치를 쉽게 인정하지 않았습니다.

그래서 교회에서는 어느 정도 많은 부분을 실천할 수 있었지만 가정에서 실천하는 것은 쉽지 않았습니다. 당시만 해도 아직 현 교수님은 구체적인 가정예배에 대한 책을 저술하시지 않았을 때입니다. 게다가 아내를 설득시킬 수 있는 논리도 제게는 부족했습니다.

2. 새로운 성경적인 한국식 주일가정식탁예배를 실천하다

A. 가정신학서, '신앙명가 이렇게 세워라!'와의 만남

그러던 중 2011년 봄 현 교수님으로부터 그 분이 지으신 '신앙명가 이렇게 세워라'는 책을 선물 받았습니다. 그 때 그 책을 손에 쥐었을 때 제가 느꼈던 긴장감과 기대감을 저는 영원히 잊지 못합니다. 진한 산삼 냄새 같은 것을 맡았기 때문입니다.

저는 '신앙명가 이렇게 세워라'를 이틀에 걸쳐 단숨에 쉬지 않고 읽었습니다. 제가 그토록 찾았던 바로 그런 예배, 성경적인 가정예배에 대한 책이었습니다. 그리고 무릎을 치고 탄성을 질렀습니다. "와, 할렐루야! 심봤다!" 이런 제 모습에 아내는 뭐가 그렇게 기쁘냐며 의아해 했습니다.

책을 읽고 저는 교수님께 당장 느낌을 적어 보냈습니다. 그리고 아내와 함께 2011년 5월에 있었던 쉐마목회자클리닉에 다시 참석했습니다. 목회자클리닉 참석 후 아내의 반응이 걸작입니다.

"이렇게 좋은 걸, 왜 이제야 알게 해 주었어요?"

그리고는 나의 주장을 이제야 이해하고 돕기 시작했습니다. 클리닉에서 함께 가정예배의 가치와 방법을 배운 아내는 당장 가정예배를 위한 준비를 했습니다. 한복을 사고 예배에 쓸 그릇들을 샀습니다. 그리하여 10년 넘게 휴업중이던 가정예배는 성경적인 모범으로 다시 시작되었습니다. 역시 쉐마를 실천하려면 아내의 변화가 필수 조건입니다.

그 해 여름 방학 기간에 당시 초등학교에 1학년 1학기를 마친 딸과 함께 다시 목회자클리닉에 참석했습니다. 여덟 살 딸아이는 교수님의 강의를 열심히 듣더니 "아빠 저도 쉐마 할래요."라고 말했습니다. 그래서 딸의 동의로 쉐마학교도 시작되었습니다.

당장 다니던 초등학교를 그만두게 하고 2011년 2학기부터 두 딸과 함께 오전 내내 성경을 배우는 쉐마학교를 시작했습니다. 홈스쿨이지요. 지금은 (2013.2.18) 전교생이 10명이 되었습니다.

B. 드디어 성경적인 한국식 주일가정식탁예배를 실천하다

우리는 매주 토요일이 되면 주일 절기를 준비합니다. 구약시대의 용어로는 안식일 절기이지요. 토요일 오전에는 집안 청소를[1] 온 가족이 함께 합니다. 오후가 되면 저희 식구들은 목욕(출 30:20)을 하고 주일가정예배를 준비합니다.

저녁에 해가 지면[2] 우리 가정의 식구들은 모두가 곱게 우리나라 전통의 고운 한복으로 갈아입고 주일가정식탁예배를 시작합니다. 한복은 한국인의 예절교육과 어른들에 대한 경외심, 민족적 정체성을 가르치기에 참 좋은 도구요 문화입니다.

아내는 네 딸들을 데리고 식구들 수에 맞게 초에 불을 켜며[3] 성령님의 임재를 위해 기도하고, 가족과 교회 그리고 민족의 평화와 번영을 위해 기도합니다. 고운 한복을 입고 정성스럽게 기도하는 다섯 여인들의 모습은 하늘에서 방금 내려온 천사들 같습니다.

그 후 온 가족이 함께 "우리 집 3대가…"로 시작하는 쉐마3대찬양을 합니다. 그리고 가장인 저는 아내와 네 딸의 머리에 손을 얹고 간절히 축복기도

---

1) 자세한 내용은 현용수 교수님의 책 *신앙명가 이렇게 세워라* (쉐마, 2011), 제2권, 제5장, 2~3부 참조
2) 창 1:5b "저녁이 되고 아침이 되니 이는 첫째 날이니라"; 출 12:6b~7a "해 질 때에 이스라엘 회중이 그 양을 잡고"
3) 레 24:3 "저녁부터 아침까지 여호와 앞에 항상 등잔불을 정리할지니"

를 해 줍니다.

다음에는 싱크대로 가서 그 옛날 이스라엘 백성들이 성막 물두멍 앞에서 했듯이[4] 깨끗한 그릇에 물을 담아 양손에 부으며 지난 한 주 동안의 죄를 진심으로 회개하는 정결예식의 시간을 가집니다. 회개하는 마음으로 손에 차가운 물을 부을 때[5] 느끼는 시원한 느낌은 죄가 씻겨지는 것이 이런 느낌이구나 하는 생각에 잠기게 합니다.

그리고 저와 아이들은 제 자리에서 일어나[6] 한 주 동안 수고한 아내를 위해, 엄마를 위해 찬양으로 축복합니다. 노래가 끝나면 아이들은 엄마의 품에 달려가 엄마에 대한 사랑과 감사를 표현합니다.

"엄마 감사해요. 사랑해요~"

남편인 저는 잠언 31장 30절에 기록된 것 같이, "이 세상에 덕행 있는 여인들이 많이 있지만 여호와를 경외하는 당신이야말로 나와 우리 가정에 최고의 여인입니다. 고마워요. 사랑해요."라고 축복하며 아이들이 지켜보는 가운데 아내를 꼭 껴안아 줍니다. 네 딸아이들은 아빠와 엄마의 포옹 장면을 흐뭇하게 지켜보는 것 같습니다.

다음은 애찬식으로 포도주스 잔을 들어 감사하며[7] 예수님께서 십자가에서 흘리신 보혈의 의미를 설명합니다. 그리고 아빠로부터 시작해 온 가족이 서열대로 포도주스를 받아먹습니다. 아이들은 두 손으로 정성스럽게 잔을 받아먹습니다. 어른을 대하는 예절교육을 밥상에서 실시하는 것입니다.

다음에는 아빠가 직접 애찬의 빵을 자르며[8] 예수님의 십자가 은총과 말씀의 가치와 안식일의 가치를 설명하고 함께 빵을 떼어 소금에 찍어 먹습니다

---

4) 대하 4:6 "또 물두멍 열 개를 만들어 다섯 개는 오른쪽에 두고 다섯 개는 왼쪽에 두어 씻게 하되 번제에 속한 물건을 거기서 씻게 하였으며 그 바다는 제사장들이 씻기 위한 것이더라"

5) 겔 36:25~27 "맑은 물을 너희에게 뿌려서 너희로 정결하게 하되 곧 너희 모든 더러운 것에서와 모든 우상 숭배에서 너희를 정결하게 할 것이며 또 새 영을 너희 속에 두고 새 마음을 너희에게 주되 너희 육신에서 굳은 마음을 제거하고 부드러운 마음을 줄 것이며 또 내 영을 너희 속에 두어 너희로 내 율례를 행하게 하리니 너희가 내 규례를 지켜 행할지라"

6) 잠 31:28 "그 자식들은 일어나 사례하며 그 남편은 칭찬하기를"

7) 눅 22:17, 마 26:27, 막 14:23

8) 아버지는 하늘의 하나님께서 양식을 주시고 만나를 먹이시는 분임을 재현한다.

9). 또 떡을 떼면서10) 한 주 동안 각자가 상고한 하나님의 말씀을 나눕니다. 이 때 저는 질문으로 아이들과 토론식 성경공부를 하며 음식을 함께 먹습니다. 일방적인 설교는 없습니다. 질문과 답을 서로 주고받으며 자연스럽게 성경공부를 합니다. 아내는 정성스럽게 준비된 먹을거리를 조금씩 내어오면서 아이들과 남편의 공부를 돕습니다.

충분한 대화와 식사가 끝나면 함께 찬양하며 봉헌하고 함께 기도 제목을 나누며 합심하여 기도합니다. 헌금시간을 통해 구제와 기부와 선교에 대해 가르치며 주일 교회 공예배를 위해 헌금을 미리 준비합니다. 또 이 시간은 식구들이 서로의 스케줄과 계획을 나누는 시간이기도 합니다. 한 주 동안의 서로의 일정을 이야기하며 기도 제목을 나누고 함께 조율이 필요한 일정이 있다면 서로 조율하는 시간이기도 합니다.

이런 가정예배가 없을 때는 서로의 일정에 대해 조율할 기회가 거의 없었습니다. 그 때마다 일이 닥치면 서로 눈치껏 대처하는 것이 보통이었습니다. 그러다보면 서로의 일정이 다르고 혼란이 일어나 다투는 경우가 다반사였습니다. 마지막으로 제가 기도한 후 예배가 끝납니다.

그러면 우리 네 딸들은 아빠와 엄마와 할머니에게 큰 절을 하며 "안녕히 주무세요."라고 인사하고 잠자리에 들 준비를 합니다. 이렇게 토요일 저녁에 가정예배를 드린 후 자고 일어나서 교회에서 예배를 드릴 경우 온 가족이 성령으로 더욱 충만한 은혜를 받는 체험을 하고 있습니다.

C. 예배 · 복음 · 말씀전수 · 친교 · 전도 · 성경과 한국식 인성교육이 어우러진 주일가정식탁예배

현용수 교수님에 의하면, 이런 주일가정식탁예배는 구약시대 유대인의 가정예배 모형 뿐 아니라, 신약 시대에 와서 모세시대에 회막 제사(예배) 모범의 중요한 개념들을 고스란히 가지고 있다고 합니다.

저 자신이 2년 동안 체험한 것을 되돌아보면, 이런 예배는 드리면 드릴수록 매력이 있습니다. 특히 한국인의 문화가 가미되어 아름다운 한국인 가락인 국악찬양을 입으로 부르고, 귀로 듣고, 각종 다양한 음식을 입으로 맛보며, 다양한 색깔을 눈으로 보며, 향기로운 냄새를 코로 맡으며, 그리고 손과

---

9) 레 2:13a "네 모든 소제물에 소금을 치라"

10) 눅 22:19, 마 26:26, 막 14:22

온 몸으로 느끼는 촉감 등, 오감을 골고루 자극하며 충족시키는 이 예배는 아이들의 호기심과 정서와 영감을 자극하기에 충분합니다.

게다가 한국식 예절교육, 수직문화교육, 그리고 성경교육에다 IQ계발까지 해줍니다. 또한 주일 가정예배를 드리기 위하여 집안 청소를 하고, 목욕을 한 후 한복을 입으면, 여호와를 경외하는 사상이 어려서부터 자동적으로 마음에 새겨집니다. 기도를 할 때 무릎을 꿇는 것도 자연스럽게 훈련이 되었습니다. 흥이 나는 여호와의 절기 기분이 절로 납니다.

어떤 이는 유대인 안식일 절기를 참조한 것을 빌미로, 이런 예배가 복음이 빠졌다고 비판할 수 있습니다. 그러나 복음이 빠진 것이 아니라 오히려 더 강화되었습니다. 그리고 강력한 복음의 파워가 나타납니다.

포도주스를 들면서 예수님의 보혈의 피를 설명하고, 떡을 떼면서 예수님의 몸과 말씀을 설명하고, 손을 씻으며 죄를 회개하고, 또한 가족끼리의 합심 기도 시간에 성령님의 역사가 일어나기 때문입니다.

현 교수님은 이것이 바로 사도행전 2장 46-47절에 나타난 초대교회 유대파 기독교인의 주일 성수 모습이라고 말합니다.

> 날마다 마음을 같이하여 성전에 모이기를 힘쓰고 집에서 떡을 떼며 기쁨과 순전한 마음으로 음식을 먹고 하나님을 찬미하며 또 온 백성에게 칭송을 받으니 주께서 구원 받는 사람을 날마다 더하게 하시니라. (행 2:46-27)
>
> 안식 후 첫날에 우리가 떡을 떼려 하여 모였더니…. (행 20:7)

현 교수님의 이런 견해는 그 분의 가까운 친구이신 정통파 유대인 랍비도 확인해 준 사실입니다. 2012년 2월 쉐마목회자클리닉 3차 학기가 미국에서 개최되었을 때였습니다. 한국의 많은 가정들이 유대인을 본받아 유대식 가정식탁예배를 기독교식으로 드린다는 말을 들은 랍비 에들러스테인은 이렇게 말했습니다.

"이제야 말하는데, 초대교회 시절 유대인 기독교 신자들도 이런 가정예배를 지켜왔는데, 언제부터인지 모르지만 이방인 기독교인들이 그 전통을 잃어버렸습니다."

저의 아내는 이 말씀을 듣는 순간 '회복'이라는 단어가 눈앞을 지나갔다고 했습니다. 가정에서 잃어버린 구약의 지상명령을 찾고 하나님이 원하시는 삶의 방법도 회복할 때, 신약의 지상명령도 동시에 회복되고 온전하고 완전해질 수 있다는 것을 깨달았다고 합니다.

초대교회 기독교인의 가정예배 모형이 2000년 후에 우리 가정에서 다시 재현되었다는 확신을 가졌을 때, 가슴이 떨리는 환희의 전율을 느끼지 않을 수 없습니다. 다만 저희 가정의 가정예배와 초대교회 가정예배 사이에 차이가 난다면, 저희 가정의 가정예배에는 현 교수님이 개발한 인성교육의 원리에 의하여, 한국인 기독교인에 맞는 한국식 문화를 첨가한 것일 뿐입니다.

[더 자세한 내용은 현용수 교수님의 책 '신앙명가 이렇게 세워라'(쉐마, 2011), 제2권 제7장 '셀 교회, 유대인의 안식일 가정 셀에서 배워라' 참조]

현 교수님에 의하면, 주일가정식탁예배에는 예배 · 복음 · 말씀전수 · 친교 · 전도 · 성경과 한국식 인성교육이 어우러진 그야말로 종합적인 예배 형식이라고 합니다. 이것은 백씨 가문의 3세대 간에 세대차이가 나지 않는, 영성과 말씀, 그리고 전통과 역사가 자손 대대로 전 수 될 수 있는 하나님의 방법이라고 합니다.

이것이 바로 신약의 지상명령, 즉 복음이 포함된 하나님이 원하시는 구약의 지상명령을 실천하는 가정예배의 원형이라고 생각합니다. 저는 이런 가정예배의 원형은 바로 잃었던 가정교육의 회복으로 보고 싶습니다. 할렐루야!

**한국형 주일가정식탁예배는 복음이 빠진 것이 아니라
오히려 더 강화되었습니다. 이것이 초대교회 유대파
기독교인의 주일 성수 모습입니다.**

[편집자 주: 이어지는 다음 제목들의 내용은 홈페이지(www.shemaiqeq.com)에서 볼 수 있습니다.]

III. 성경적인 한국식 주일가정식탁예배의 효과
  1. 나의 변화
  2. 아내의 변화
  3. 아이들의 변화
  4. 장모님의 변화
  5. 가정환경의 변화

IV. 쉐마교육목회의 패러다임으로 교회 개척
  1. 목회 초년생 시기
  2. 교회 개척기
     A. 산 속 수양관 예배당을 빌려 시작
     B. 교육부 없이 3-4세대 통합 예배로 시작
     C. 기존 프로그램 없이 부모를 말씀 맡은 자로 키우는 교회
  3. 교회 정착기
  4. 교회 부흥기
  5. 교회의 변화

V. 결언: 신구약의 지상명령이 균형을 이루는 교회로 발전

참고 자료

부록: 백승철 목사 가정 주일 절기 주일가정식탁예배 순서

IQ에서 EQ여인으로 변했더니 가정과 교회가 천국이 되었습니다

이미경 사모 (백승철 목사 아내)

- 새빛충신교회 사모
- 국립 경상대 대학원 졸(작물학 석사)
- 동대학 분자유전자 종자기술 연구소 연구원(전)
- 부산동아대 생물자원부 바이러스학 강사(전)
- 인도네시아 선교사(전)
- 쉐마교사대학 12기 졸업
- 고양시 상담코칭센터 부모코칭 강사(전)

I. 문제 제기: 쉐마를 알기 전 나의 모습

1. 공부 많이 한 IQ여자가 꿈 꾼 가정의 천국, 그러나….

저는 결혼할 당시 대학원 석사 과정을 졸업하고 연구원으로 일하며, 담당 교수님의 권고로 박사 과정을 준비하고 토플시험을 치고 유학 갈 준비까지 마친, IQ 교육을 많이 받은 신세대 여성이었습니다. 남편도 성적이 좋았지만 제가 더 좋았습니다.

그러니 저희 친정 아버지께서 저와 남편의 결혼을 찬성할 리가 없었습니다. 그럼에도 불구하고 하나님 나라를 위해 언제든지 주님이 부르시면 저는 그 길을 걷겠다는 결심과 부르심에 대한 확고한 믿음이 있었기 때문에, 신앙 좋은 청년의 프러포즈를 거절하지 못하고 그냥 결혼을 했습니다. 그 후 남편은 장신대 신대원에 입학하여 전도사가 되었고, 전도사의 아내가 된 저는 나름대로 아름다운 가정에 대한 꿈과 기대에 한껏 부풀어 있었습니다.

2. 그렇게 꿈꾸던 가정예배를 거부하던 신학생 남편

신대원생인 전도사의 돕는 배필로서 저는 직장에 나가서 열심히 일하며 물질적으로 남편을 위해 최선을 다해 뒷바라지를 했습니다. 가정에서는 한 여성으로서 아기를 낳고 양육하며, 작은 천국을 만들어가는 아름다운 꿈을 꾸고 있었습니다.

그러나 남편은 아직 아버지가 될 준비가 안 되었다며 아이 갖기를 부담스러워 했고, 신대원 공부에 전념하느라 쉴 틈 없이 바쁘기만 했습니다. 학교 다닐 때, 서울에서 당시 노우호 목사님이 시무하셨던 경남 밀양에 있는 무안교회까지 통학하며 주말 부부를 했습니다.

며칠 동안 떨어져 있었어도 매주 금요일 신대원 수업을 마치고 기차 타고 돌아오는 남편을 기다리며 따뜻한 밥을 해 놓고 기다렸던 저는 그 아름다운 꿈을 포기하지 않았습니다. 거룩한 가정예배도 드리고, 서로 행복한 대화도 나누고, 뭔지는 모르지만 막연한 기대감이 있었습니다.

특히 저는 가정예배에 대한 소망이 간절했습니다. 왜냐하면 불신 가정에서 처음 신앙생활을 시작한 저로서는 주위의 경륜 있는 기독교 가정들을 보면 그들이 늘 부러웠기 때문입니다. 교회에서 가정 단위로 특송을 하는 모습을 볼 때나 가정에서 예배를 드린다는 이야기를 들을 때마다 전통 있는 기독교 가정에 대한 부러움이 대단했습니다. 그래서 가정예배에 대한 기대가 대단했습니다.

하지만 시간이 지나도 남편은 가정에서 가정예배를 드릴 생각을 하지 않았습니다. 그래서 제가 "왜 가정예배를 드리지 않느냐"고 물었습니다. 그랬더니 남편은 우리나라에서 일반적으로 드리는 가정예배는 예배라기보다 모임이나 기도회 수준이라면서, 좀 더 신학적인 체계를 배울 때까지 기다려 달라며, 그냥 교회 일에만 충실하자고 했습니다.

그래서 이해는 되지 않았지만, 참으면서 우리는 교회 일에 바쁘게 매진했습니다. 특히 남편은 CMS영어선교원 운영, 중고등부 담당, 찬양대 봉사, 예배 시간에 찬양인도, 구역예배 인도, 그리고 지역 중학교 팝송교실 운영 등 쉴 틈 없이 일을 했습니다.

이런 남편을 이해할 수 없어서 같은 교회 다니는 다른 전도사님께 물어 보았습니다.

"전도사님은 아내와 가정예배를 드리세요? 어떻게 드리세요?"

그냥 한 번씩 자고 일어나서 잠옷 차림으로 성경 읽고 함께 기도하거나 저녁에 자기 전에 각자 따로 할 때도 있고 대충 그렇게 한다고 이야기 했습니다. 실망한 나는 이렇게 체념했습니다.

"아이고, 나도 모르겠다. 선교도 하고, 전도도 하고, 교회사역이나 열심히 하자!"

다행히 섬기던 교회가 성장하였고 보람도 있었습니다. 그 후 선교사로 인도네시아에서 1년간 사역을 한 후, 일산충신교회 구영철 목사님의 초청으로 일산에 와서 교육전도사부터 부목사가 될 때까지 6년이 넘게 충성되게 열심히 섬겼습니다.

가정예배를 드리지 않는 남편을 이해할 수 없어서
다른 전도사님께 물어 보았더니….
그래서 "아이고, 나도 모르겠다…."

3. 쉐마를 다녀온 남편을 보며 막연했던 나

A. 그렇게 기뻐했던 남편의 모습

그러던 2003년 1월 23일, 남편은 쉐마목회자클리닉을 1기생 스텝으로 다녀오더니 너무나도 기뻐했습니다. 그렇게 기뻐하는 모습을 본적이 없을 정도로 기뻐했습니다. 뭔가 뻥 뚫려 시원해 하는 모습이었습니다.

담임 목사님께 전화를 해서 "저를 이 세미나에 보내 주셔서 너무 감사합니다."라며 아주 정중히 인사하는 모습을 보고 무슨 세미나였기에 저렇게 좋아할까 했습니다.

배운 것을 교회에 적용하는 남편의 모습을 보며 좀 특이하다고 생각 했습니다. 성경을 꾸준히 구약부터 특히 모세오경을 철저히 가르치며 역사 탐방을 하고, 효도교육을 시키고, 말씀 암송 잔치를 하며, 아이들이 요절만 외우는 것이 아니라, 장 전체를 외우게 했습니다.

쉐마 교육을 교회에서 철저히 실천하기 시작했습니다. 현 교수님이 작사한 쉐마찬양들을 가지고 국악찬양으로 자주 교회에서 찬양예배를 인도하기도 했습니다. 또 한복을 입어야 한다고 하기에 그냥 막연히 한복을 샀던 기억이 납니다. 그러나 그 때에도 저는 저의 한복은 사지도 않았습니다. 전적으로 남편을 충분히 이해하지 못했던 것입니다.

그런데 참으로 뜻밖에도 현 교수님의 쉐마를 만난 후 그토록 소망하던 임신이 되고, 다음해 2004년 첫딸이 태어났습니다. 그 때 남편은 아기가 태어나기 전 태교부터 아기에게 얼마나 큰 관심과 사랑을 보였던지, 그 열정은 이루 말로 표현하기 어려웠습니다.

B. 그러나 해결되지 않는 남편의 고민

이런 남편에게도 해결되지 않는 고민이 있었습니다. 그가 6살 때부터 노우호 목사님의 제자로 성경을 천 독을 했고 신학도 했지만, 가정생활은 구체적으로 어떻게 해야 하는지, 아버지는 어떤 모습이어야 하는지, 어머니는 어떠해야 하는지, 자녀에게 무엇을 어떻게 가르쳐야 하는지, 가정신학의 구체적인 체계를 알기에는 힘들어 하는 모습을 저는 옆에서 지켜보았습니다.

저 역시 그랬습니다. 전통 있는 기독교 가정에서 자란 것도 아니고, 신앙과 삶이 일치한다는 것이 너무나도 어려웠습니다. 그런데 더 놀라운 것은 꽤 신앙이 깊다는 교회 중직자들의 가정들도 실천신학적인 관점에서 보면 별로 배울 점이 없었다는 사실이었습니다.

"왜 저럴까?"

의심은 점점 더해져만 갔습니다.

4. 남편의 교회개척이 무능의 소치로 보여 공격한 나

남편이 현용수 교수님을 만나고 난 뒤, 교회에 쉐마를 적용하고 가정에도 서서히 적용하기 시작 했으나, 그 당시에는 제가 남편의 뜻을 잘 헤아리지 못했던 것 같습니다. 가정예배를 드리기는 했어도 곧 중단했습니다. 왜냐하면 그때까지만 해도 현 교수님이 쓰신 구체적인 가정예배 매뉴얼[책명: '신앙명가 이렇게 세워라'(쉐마, 2011)]이 나오지 않았기 때문입니다.

그리고 저희는 2008년에 개척을 했습니다. 어떤 다른 프로그램도 없이 단순히 쉐마로만 개척교회가 시작되었습니다. 주중엔 저희 사택을 열어 새벽기도, 수요 및 금요기도회, 그리고 제자훈련을 했습니다. 지금 생각하면 완전이 가정이 성전이었습니다. 하지만 그 때는 참 힘들고 부담스러운 일이었습니다. 저는 아직 쉐마에 대한 신학적 논리가 약하였고, 성경적인 원리가 희미하여 집에서 이루어지는 이런 일들이 무척 힘들었습니다.

그래서 때때로 번듯한 예배당도 없이 덜컥 개척 해버린 남편에게 서운한 모습을 보이기도 했습니다. 지금이야 남편이 이해되지만 그 때는 내 남편이 무능해서 이렇게 하는가 보다 싶었습니다. 상식적으로 이해가 잘 안 되는 일들이 발생할 때면 전형적인 IQ여성이었던 저는 남편을 아주 논리적으로 공격했습니다. 지금 생각해 보면 그렇게 말을 한다고 개선될 수 있는 일들이 아니었는데도 말이죠.

II. 한국 쉐마목회자클리닉에 참석한 후 나의 변화

1. 그 때 받은 큰 충격

남편이 쉐마목회자클리닉을 다녀온 지 9년 만에, 현 교수님과 남편의 권고로 제가 2012년 5월 쉐마목회자클리닉에 참석했습니다. 그 때 얼마나 큰 충격을 받았는지 모릅니다. 제가 IQ 교육을 많이 받은 여성이라 논리적으로 이해되지 않으면, 순종하긴 해도 온전한 마음으로 순종하지 못했던 것이었습니다.

저는 하다가 맘에 안 들면 저의 논리를 주장하곤 했습니다. 결혼 생활에도 일종의 심리학적 학문, 남자는 이렇게 해야 하고 여자는 저렇게 해야 한다는 비성경적이고 세상적인 남녀 관계를 적용했던 것입니다.

그런데 이 쉐마목회자클리닉에 참석하고 난 뒤, 저는 너무나 은혜로운 시간을 보냈습니다. 저는 남편에게 이렇게 투정을 부렸습니다.

"여보, 이렇게 좋은 곳을 왜 이제야 보내 주었어요?"

현 박사님의 강의는 한 시간 한 시간을 들을 때마다 너무나 이해가 잘 되었습니다. 그 당시 저는 딸 셋을 태중에서부터 홈스쿨링으로 키우다가, 너무나 갈등이 심하여 큰딸을 초등학교에 입학시켜 1학년 1학기를 지내던 중이었습니다.

과거 첫 딸 임신 8개월 째에 참석한 한 유명 홈스쿨 컨퍼런스에서 '6세까지의 교육의 중요성'과 '하나님 경외함에 대한 가치'를 배운 뒤, 제 나름대로 계획을 짜서 다른 교회에서 운영하는 선교원에도 보내지 않고 집에서 말씀을 먹이고 기도로 입히며 나름대로 잘 한다고 생각하는 자만심도 있지 않았나 생각합니다. 남편은 가정에서 쉐마교육을 하고 싶어 딸을 학교에서 나오게 하라고 했는데 제가 계속 보냈습니다. 이 일로 남편과 여러 번 다투기도 했습니다.

그런데 딸에게 말씀을 가르칠 시간을 확보하기 어려웠고, 학교도 문제가 있었고, 또한 학부모들도 문제가 많다는 것을 직접 체험하게 되었습니다. 왜들 저럴까 고민하던 중에 현 교수님의 책 '인성교육 시리즈'를 읽고, "아하 이것이 원인이었구나!"하고 알게 되었습니다.

현대 사회의 문제점이 아주 철저하게 이해되고 파악되기 시작했습니다. 그래서 이곳 쉐마지도자클리닉은 모두가 필히 함께 참여해야 하는 곳이라고 생각했습니다. 그때 저만 깨달은 것이 아니고 8세 된 딸아이도 강의를 듣더니, "엄마 쉐마 하고 싶어요."라고 해서, 공립학교를 자퇴시켰습니다. 그리고 저희는 정통파 유대인처럼 오전 내내 말씀을 탈무딕 디베이트 방식으로 공부하기 시작했습니다.

2. 새로운 한국식 주일가정식탁예배를 실천하다

쉐마지도자클리닉에서 더욱 충격을 받고 사모하게 된 것은 가정예배였습니다. 남편은 2011년 '신앙명가 이렇게 세워라'는 현 교수님의 책을 읽고 현 박사님께 독후감을 보내며 이제 가정예배를 드리자고 했습니다. 당신이 그렇게 간절히 찾고 있던 것이라며….

주일가정식탁예배를 저희 가정에서 실천해 보았더니 아이들이 너무 좋아하는 것이었습니다. 2011년 8월부터 드리기 시작했습니다. 사실 처음에는 토요일 저녁 해가 진 후 주일가정식탁예배를 준비하는 것이 보통 힘든 게 아니었습니다. 청소하고, 네 딸 목욕시키고, 음식 하고, 또 음식도 주중에 무엇을 할지 정하고 조금씩 준비해야 했습니다.

(그러나 처음에는 그렇게 고생했는데 지금은 위로 두 딸들이 스스로 목욕도 잘 하고 한복도 잘 입을 뿐만 아니라, 엄마의 청소도 잘 도와주고 식탁 정리와 설거지도 많이 도와 줍니다. 아니 요즘에는 쉐마교육을 받은 후 정신적으로 많이 성숙하여 엄마를 도와 주려고 서로 경쟁할 정도입니다.)

저에게 힘은 들지만 이상하게도 날이 갈수록 아이들이 너무나 좋아하는 겁니다. 익숙지 않은 한복을 입는 것이 저는 처음에 좀 힘들었는데, 아이들은 한복 입는 것을 너무 좋아했습니다.

우리나라 전통의상인 한복이 기본적으로 화려해서 그런지 한복을 입고는 서로 거울 앞에서 자태를 뽐내기도 하고 서로 한복 상태를 조정해 주기도 하며 이 날은 아이들의 깔깔거리는 웃음소리가 가득합니다.

2년이 지나며 이미 온 가족이 예배순서에 익숙해졌습니다. 처음엔 아이들이 큰 절을 할 때 한복에 발이 걸려 넘어지기도 하는 등 코믹한 분위기도 있었지만, 지금은 제법 성숙해졌습니다.

간혹 특별한 일이 생겨 아빠가 좀 순서를 생략하려고 해도 아이들이 모든 순서를 간절히 다 원해서 정식으로 해야 할 정도가 되었습니다. 다섯 살 된 보라는 손에 물을 부으며 회개하는 정결예식을 치를 때 여태껏 아빠의 도움을 받았는데, 몇 주 전에는 아빠의 귀에 입을 대고 이렇게 말했다고 합니다.

"아빠, 내가 혼자 해 볼게, 도와주지 마, 응?"

그리고는 스스로 오른 손 왼손에 물을 붓는 순서를 정확하게 실행했습니다. 그리고 태어난 지 일주일 된 넷째 딸이 처음으로 가정예배에 참석해 아빠에게 처음으로 안수를 받을 때 세 딸들을 비롯해 모든 식구들이 큰 감동을 받았습니다. 저희 같은 신세대 여성들은 뭘 하라고 하면 먼저, "이걸 왜 꼭 해야 할까?"라고 할 것입니다. 모든 것이 가치관의 문제입니다. 저는 과거에 막연히 알아 왔던 여성의 가치에 대해 그 역할과 가치가 얼마나 소중한지 이제 알게 되었습니다.

내가 왜 창조되었는지, 그리고 나의 존재적 가치와 위치는 무엇이며 어떻게 유기적으로 전환해야 하는지, 아주 심각한 회개와 반성, 돌이킴이 있었습니다. 제가 바뀌니 남편과 아이들에게 엄청난 변화가 일어나기 시작했습니다.

> 저희 같은 신세대 여성들은 뭘 하라고 하면 먼저,
> "이걸 왜 꼭 해야 할까?" 할거에요.
> 그러나 나의 존재적 가치와 위치를 안 후 완전히 바뀌었습니다.

3. 남편에게 끝까지 따지던 내가 눈물로 기도하는 나로 변하다

이전엔 남편과 언쟁이 발생하면 끝까지 따지려 들었지만 이제는 제가 목소리를 죽이고 하나님 앞에 나아가 눈물로 호소하는 쪽으로 바뀌고 있습니다. 이런 가운데 체험하게 되는 것은 눈물과 기쁨의 경계가 모호하다는 것입니다. 한참 울다 보면 어느새 기쁨의 샘이 제 마음에 흐르고 있다는 것을 발견합니다. 제가 IQ여성에서 EQ여성으로 변했더니 이런 저의 태도에 대해 남편도 훨씬 더 부드러워 지는 것을 느낍니다.

지난 2013년 2월 8일에 넷 째 딸을 출산했습니다. 쉐마를 몰랐다면 불가능했을 임신과 출산이었습니다. 양수가 터진 후 한 시간 정도 엄청난 해산의 고통을 통과한 후에야 귀한 생명이 태어 났습니다. 나이 42세의 출산이라 주변에서 걱정들이 많았으나 쉐마의 큰 가치를 안 뒤여서 그런지, 고통을 대하는 나의 마음에는 한결 자신감이 있었습니다. 출산뿐 아니라 회복의 과정이 얼마나 힘든지 남자들은 죽었다 깨어나도 결코 모를겁니다. 고난 받는 것이 내게 유익이라는 말씀을 묵상합니다.

유대인들은 하나님께서 창조사역의 동역자로 여성을 세웠다고 한답니다. 예수님께서 십자가 위에서 당한 고통을 어느 누가 헤아리겠습니까? 저는 분만실에 누워 예수님의 십자가를 생각했습니다. 이보다 더 아프셨겠지….

하나님은 자녀 교육의 중요한 부분을 남성이 아니라 여성에게 맡기셨습니다. 이제야 알겠습니다. 엄마는 왜 이리 눈물을 흘려야 할까요? 고난의 신비를 그리고 눈물의 신비를 이제야 알겠습니다. 아픈 만큼 더 사랑하게 되고, 아픈 만큼 더 소중하게 여기게 됩니다. 아이를 더 낳으면서 더 철이 드는 것 같습니다. 더 여성스러워지는 것 같습니다. 더 사랑받는 것 같습니다. 함께 쉐마의 삶을 알아 가는 남편도 이번 출산을 통해 많은 것을 더 깨달은 듯합니다. 쉐마를 알고 난 이후 우리 부부의 삶은 아주 많이 변하고 있습니다. 쉐마는 신비롭습니다.

4. 자궁을 가진 여성의 자긍심이 솟구치다

아이가 하나일 땐 내 자녀만 칼라로 특별하게 보였습니다. 하지만 많이 낳을수록 내 아이뿐 아니라 남의 아이들도 제 눈에 들어오기 시작했습니다. 셋 이상 낳으신 분들은 모두가 공감하실 것 같습니다.

아이들이 그렇게 사랑스러울 수가 없습니다. 자궁을 가진 여성이 가지는 'Compassion(사랑, 긍휼, 자비)'이 더욱 내 안에서 솟구치는 것을 느낄 수 있었습니다. 여성들에게만 있는 자궁의 소중함을 깨닫게 된 셈입니다! 그래서 저희 딸 넷이 얼마나 귀한지 모릅니다. 하나님을 대신할 사람을 키우고 있는 것입니다. 하나님은 여성을 남자보다 더 믿으신다는 말도 있습니다.

그리고 쉐마를 만난 후 남편을 어떻게 도와야 할지에 대한 삶의 원동력과 지혜를 더욱 갖게 되어 진심으로 감사하게 되었습니다. 저희 딸들이 자라서 하나님의 집의 역할을 하고, 말씀 맡은 자인 남편을 도와 자손 대대로 말씀을 전수할 것을 생각하니 벌써 가슴이 벅차오릅니다.

저는 어떤 것을 깨달으면 즉시 실천하는 성품이기 때문에, 한 가지를 알아도 정확하고 분명하게 깨달아야 합니다. 뭐든지 잘못 알게 되면 잘못 실천하기 때문에, 바로 알고 올바르게 믿고 깨닫는 것이 중요합니다.

[편집자 주: 이어지는 다음 제목들의 내용은 홈페이지(www.shemaiqeq.com)에서 볼 수 있습니다]

> III. 미국 3차 학기 유대인 공동체를 체험한 후 나의 변화
>   1. 나의 존재의 가치를 발견하자 내 안에 에너지가 솟구쳤다
>   2. 여성의 정체성을 발견한 기쁨
>   3. 여성의 특권과 사명을 발견하다
>   4. 아하, 이래서 형식이 중요하구나!
>   5. 새벽마다 눈물로 가득 찬 두 눈
>
> IV. 하나님이 주신 비전
>   1. 미국에서 하나님이 내게 주신 말씀
>   2. 쉐마 사역을 널리 알리고 싶다

쉐마 국악 찬양 *부록2*

인성교육적 측면에서
왜 국악 찬양이 필요한가!

유대인의 성공은 어디에서 오는가? 그들은 어떻게 자손 대대로 하나님의 말씀을 전수하는 데 성공하였는가? 그들은 자녀를 깊이 생각하는 뿌리 깊은 인간으로 양육하기 때문이다. 그들은 어떻게 자녀를 깊이 생각하는 뿌리 깊은 인간으로 양육할 수 있는가?

저자는 유대인을 모델로 한 저자의 저서《현용수의 인성교육 노하우》제1권에 수직문화와 수평문화에 대한 이론을 개발하였다. 그들은 표면적인 수평문화보다는 깊이 있는 수직문화를 가르치기 때문이다. 수직문화 중 하나가 자기 민족의 역사의식과 전통을 귀하게 여기고 가르치는 것이다. 그런데 한국인 기독교인은 우리의 전통을 무시하고 서양 것에만 너무 익숙해져 있다. 한국인 기독교인의 인성교육적 측면에서 분명히 잘못된 것이다.

물론 그만한 이유도 있다. 한국인 기독교인이 한국 민족의 전통을 그대로 이어갈 수 없는 이유는 대부분 한국의 전통들이 그 내용이나 형식을 보면 우상을 섬기는 데서 나왔기 때문이다. 그렇다면, 한국인 기독교인이 한국의 전통을 어떻게 사용할 수 있는가? 두 가지로 생각할 수 있다.

첫째, 기독교에서 한국의 전통을 잇기 위해서는 그 전통의 내용을 신본주의 사상으로 바꾸어 일부 형식만 사용하는 방법이다. 예를 들면 조상들에게 추수에 대한 감사를 표시하는 한국의 추석을 하나님께 추수에 대한 감사를 표시하는 추수감사절로 바꾸어 사용하는 방법이다. 기도도 마찬가지다. 서양 사람들은 의자에 앉아서 혹은 서서 기도한다. 그러나 한국인은 옛날부터 무릎을 꿇고 조상신들에게 빌었다. 이런 기도하는 방법, 즉 무릎을 꿇고 하나님께 기도하면 얼마나 하나님 앞에 정성스런 기도가 될 것인가? 뿐만 아니라 찬양도 국악의 형식을 빌어 하나님을 찬양할 수 있다. 우리 민족의 고유 가락을 하나님 섬기는 도구로 사용하는 것이다.

둘째, 보편적 윤리나 도덕적 예의나 지혜는 그대로 사용할 수 있다. 예를 들면, 서양 사람들이 인사할 때는 고개를 그대로 들고 "하이(Hi!)" 한다. 그러나 한국 기독교인은 고개를 많이 숙이면서 "안녕하세요"라고 말한다. 뿐만 아니라 한국의 고사성어에는 동양의 지혜가 많이 배어 있다. 예를 들면, 토사구팽(兎死狗烹), 새옹지마(塞翁之馬), 결자해지(結者解之) 등이다. 식자우환(識字憂患)이란 고사성어는 전도서에 나오는 말씀이다(전 1:18). 이런 것들은 종교를 떠나 한국인 지식인이라면 마땅히 알고 평상시에 사용하여야 한다. 특히 성경의 잠언이나 전도서 같은 지혜서에 나오는 말씀들도 동양에 얼마든지 있다. 왜냐하면, 하나님께서 이방인에게도 성경이라는 특수계시를 주시기 전 하나님을 알 만한 보편적 진리(롬 1:19~20)를 주셨기 때문이다. [자세한 내용은 저자의 저서 《현용수의 인성교육 노하우》(전4권, 동아일보사, 2008) 참조]

〈부록 2〉에는 부족한 종이 쉐마사역을 위하여 작사한 '쉐마 3대 찬양', '쉐마 효도 찬양', '쉐마아버지노래', '쉐마어머니노래' 그리고 박성희 목사가 작사한 '쉐마 이스라엘 들으라'를 싣는다. 곡은 모두 국악이다. 곡을 만드신 작곡가 류형선, 정세현, 조춘오 세 선생님에게도 감사를 드린다. 차제에 국악찬양이 많이 보급되어 전 세계에 흩어진 한국인 기독교인들이 우리의 것으로 하나님을 찬양하는 날이 속히 오기를 소원한다.

저자 현용수

쉐마 3대 찬양

곧 너와 네 아들과 손자로 평생에 네 하나님을… 네 날을 장구케 하기 위한 것이라
(신 6:2)

이제 너희는 이 노래를 써서 이스라엘 자손들에게 가르쳐
그들의 입으로 부르게 하여
이 노래로 나를 위하여
이스라엘 자손들에게 증거가 되게 하라.
(신명기 31:19)

가정을 성결하게 하는 두 가지 원칙

1. 누룩을 제거하고
2. 역청을 발라라
〈가정신학서 참조〉

대 주제

나는 너를 애굽 땅, 종 되었던 집에서 인도하여 낸
너의 하나님 여호와로라. (출 20:2)

자녀들을 복음으로 구원의 확신을 갖게 하여
하나님의 성민이 되게 하라. (갈 2:20)

부록 3

쉐마자녀교육 십계명
- 3대가 신앙과 문화의 세대차이를 막는 법 -

Ⅰ. 정체성 교육(1-3계명)
Ⅱ. 성결 교육(4-7계명)
Ⅲ. 비전 교육(8-10계명)

'쉐마자녀교육 십계명'을 제정하면서

현대 사회는 가정이 심각한 위기를 맞고 있다. 부모가 자녀에게 인성교육과 성경적 가치관 교육을 시키고 싶어도 왜 무엇을 어떻게 가르쳐야 할지 세부적이면서도 포괄적인 가이드라인이 분명치 않아 혼돈 상태에 있다. 이에 쉐마교육연구원은 성경적 자녀교육의 지침이 절실함을 깨닫고 다음에 유념하여 '쉐마자녀교육 십계명'을 제정하여 공포하게 되었다.

첫째, 본 '쉐마자녀교육 십계명'은 복음을 믿고 구원받은 기독교 가정의 자녀교육이다.

유대인이 성경을 많이 알아도 신약시대에 예수님을 믿지 않아 구원을 받지 못하는 것처럼, 자녀가 기독교 집안에서 성장했다고 구원 받는 것은 아니다. 신약시대는 오직 예수님의 십자가와 부활을 믿음으로 구원을 받을 수 있다(행 4:12; 고후 13:4). 따라서 본 쉐마자녀교육 십계명은 하나님의 은혜로 성령을 받아 예수님을 믿음으로 구원 받은 기독교인 가정을 대상으로 정리한다.

둘째, 본 '쉐마자녀교육 십계명'의 제정 목적은 한국인이 자녀로 하여금 한국인 기독교인의 정체성을 갖게 하고, 구별된 백성으로 하나님의 형상을 닮게 하여 그리스도의 장성한 분량까지 자라게 하기 위함이다(엡 4:13). 그리고 하나님을 향한 가문·민족·세계선교의 비전을 이루고, 전인교육으로 세상을 변화시키는 지도자로 키우기 위함이다. 이것이 3대가 신앙과 문화의 세대차이를 막고 자손대대로 말씀을 전수하며(구약의 지상명령, 창 18:19; 신 6:4-9), 세계선교(신약의 지상명령, 마 28:19-20)를 이루는 방법이다. 따라서 본 십계명은 다음 세 부분으로 구성되어졌다.

    I. 정체성 교육(제1계명 - 제3계명)
    II. 성결 교육(제4계명 - 제7계명)
    III. 비전 교육(제8계명 - 제10계명)

2006년 5월 5일, 어린이날
쉐마교육연구원 원장 현용수

한민족 기독교인의
쉐마자녀교육 십계명
- 3대가 신앙과 문화의 세대차이를 막는 법 -

대 주제

나는 너를 애굽 땅, 종 되었던 집에서 인도하여 낸 너의 하나님 여호와로라. (출 20:2)

자녀들을 복음으로 구원의 확신을 갖게 하여 하나님의 성민이 되게 하라. (갈 2:20)

I. 정체성 교육
(하나님을 향한 한민족 기독교인의
신앙·민족·지식의 정체성 교육)

제1계명 자녀를 제자 삼아 말씀 맡은자의 정체성을 갖게 하라(신앙의 정체성 교육)

하나님은 인류를 말씀으로 구속하시기를 소원하신다(사 40:8; 벧전 1:24). 예수님은 말씀이 육신이 되신 분이시다(요 1:14). 하나님의 말씀은 영혼의 양식이다. 따라서 부모는 자녀를 '말씀 맡은자'(롬 3:2)로 영적 정체성을 갖도록 양육해야 한다. 부모는 정기적으로 자녀와 함께 가정예배를 드리고 부지런히 말씀을 가르치므로 (신 6:4-9) 주님 오실 때까지 하나님의 말씀을 자손 대대로 대물림 해야 한다.

제2계명 자녀에게 한민족 기독교인의 정체성을 갖게 하라(민족의 정체성 교육)

자녀를 자기 민족을 사랑하는 한민족 기독교인으로 양육하기 위하여(출 32:32; 롬 9:1-5), 기독교 가치관과 한국인의 수직문화를 함께 가르쳐야 한다. 한국인의 수직문화는 자녀에게 한국인의 정체성을 심어주고, 자녀의 마음을 인성교육의 바탕이 되는 복음적 토양, 즉 옥토가 되게 한다(마 13:18-23). 자녀에게 한국말과 한국의 예절을 가르쳐야 한다. 자신의 뿌리인 부모님에 대하여, 가족과 가문에 대하여, 민족에 대하여 생각하며 기도하게 해야 한다. 그래야 선 세대들이 이루어 놓은 한인교회를 후세대들이 세대차이 없이 전수받을 수 있다. 수직문화 교육은 모세나 바울처럼 신앙을 담는 아름답고 큰 그릇을 형성하게 한다.

제3계명 자녀에게 EQ + 지혜교육을 시켜 지식의 정체성을 갖게 하라(지식의 정체성 교육)

그리스도를 아는 것은 고등학문이요, 세상학문은 초등학문이다(골 2:8). 또한 자녀들이 세상 악인의 꾀에 빠지지 않게 하기 위해서는 마음은 비둘기같이 순결하지만 머리는 뱀같이 지혜롭게 키워야 한다(마 10:16). 어머니교육, 기독교교육 및 자연교육은 EQ를 증진시키고 순결한 마음을 갖게 한다. 그리고 하나님의 말씀(율법) 교육은 자녀의 영혼을 소생케 하고 세상을 사는 데 필요한 지혜를 갖게 한다(시 119:98-107). 하나님은 지혜의 원천이시며, 그 말씀에서 지혜 교육이 나온다. 지혜교육에는 세상에서 머리가 되는 IQ교육도 포함된다(신 28:13).

II. 성결 교육
(하나님을 향한 장소 · 시간 · 사람 · 물질 · 생활의 성결교육)

제4계명 세속 수평문화로부터 가정을 성결케 하라
(장소의 성결 교육)

가정은 거룩한 성전이다. 가정에서 수평문화를 차단하여 이 세대를 본받지 말게 하라(롬 12:2). 가정에서 죄성을 자극하는 불건전한 물건을 없애고, 자녀들의 TV 시청 및 영상문화를 금하라. 13세 이전에 세속적인 수평문화를 본받게 되면 마음의 토양이 자갈밭이 되어 복음을 전해도 받아들이기가 힘들고, 예수님을 영접한 후에도 헌신도가 약하고 제자화하기가 힘들다(마 13:18-23).

제5계명 한 가족 3대가 성수주일로 시간을 성결케 하라
(시간과 사람의 성결 교육)

신앙과 문화의 세대차이를 막기 위해 3대가 함께 주일을 거룩하게 지키는 훈련을 하는 것은 자녀를 어려서부터 하나님의 구별된 백성으로 양육하는 데 대단히 중요한 요소다. 하나님께서는 6일 동안 천지를 창조하신 후 제7일을 복되게 하여 그 날을 안식일로 거룩하게 하셨다(창 2:2-3). 안식일은 모든 세속적인 일을 멈추고 안식하며 하나님과의 관계를 더욱 충만하게 하는 절기다(출 20:8-11). 성수주일 교육은 하나님을 위한 다른 시간도 성결하게 사용하도록 돕는 훈련이다.

제6계명 십일조 교육으로 물질을 성결케 하라
(물질의 성결 교육)

하나님께 십일조를 드리는 행위는 만물의 주인이신 하나님에 대한 신앙의 표현이며 물질의 헌신이다. 이것은 기독교인의 기본 의무이기도 하다(말 3:7-12). 하나님을 사랑하기 때문에 기꺼이 의무를 이행할 수 있어야 한다. 보물이 있는 곳에 마음도 있다(마 6:21). 어려서부터 십일조 외에 다른 헌물도 구별하여 하나님께 드리는 바른 물질관 훈련을 시켜야 한다.

제7계명 선악을 분별케 하는 율법교육으로 생활을 성결케 하라 (생활의 성결 교육)

죄악 세상에서 어떻게 자녀를 성결하게 키울 수 있을까? 악인의 꾀를 좇지 않고 죄인의 길에 서지 않게(시 1:1) 하기 위해서는 먼저 어느 것이 악이고 어느 것이 선인지를 구별할 줄 알아야 한다. 따라서 부모는 자녀에게 하나님이 주신 십계명을 비롯한 성경(율법) 교육을 시켜(요일 5:2-3), 하나님이 '하라'는 것은 하고 '하지 말라'는 것을 하지 않도록 훈련시켜야 한다(시 119:101-102). 특별히 음란한 세상에서 성적 순결을 지키게 하라.

III. 비전 교육
(하나님을 향한 가문 · 민족 · 세계선교의 비전)

제8계명 효도교육으로 명문 가문의 비전을 심으라
(가문의 비전 교육)

부모공경(출 20:12; 엡 6:1-3)은 하나님의 말씀을 전수하기 위한 필수 요건이다. 자녀가 부모를 공경하지 않으면 순종이 없고, 부모에게 순종하지 않으면 부모로부터 말씀을 전수받을 수 없기 때문이다. 말씀전수의 차원에서 부모공경은 바로 하나님 공경과 같다. 자녀가 부모에게 말씀을 받아 '말씀 맡은자'가 되면 당연히 예수님처럼 육신의 부모에게 효를 행하게 된다(요 19:25-26). 따라서 효는 하나님과 부모를 기쁘게 해드리는 인성교육의 기본이다. 효도교육을 받은 자녀는 형제간에 우애 있고 가문을 말씀으로 일으키며 민족(성민)의 수명을 길게 한다. (효도교육을 시킬 때 영적 부모인 목회자에 대한 효도교육도 함께 시켜야 한다)

제9계명 고난의 역사교육으로 민족의 비전을 심으라
(민족의 비전 교육)

한국 민족의 고난의 역사교육을 시켜야 한다. 하나님은 이스라엘 백성을 애굽에서 구원하신 후 애굽에서의 고난을 기억시키기 위하여 유월절에 자녀들에게 쓴나물과 고난의 떡을 먹게 하셨다(출 12:8; 신 16:3). 인간이 고난의 역사를 잊으면 하나님의 은혜를 잊고 타락하기 때문이다(호 13:6). 따라서 자녀에게 가정뿐 아니라, 민족의 고난의 역사 교육도 시켜야 한다. 인간은 고난을 기억할 때 현재의 생활에 감사하며 충실하게 된다(신 6:10-13, 8:1-16). 그리고 민족의 평화와 번영을 위한 비전을 품게 한다.

제10계명 신·구약의 지상명령을 가르쳐 세계선교의 비전을 심으라 **(세계선교의 비전 교육)**

기독교인 자녀는 먼저 자신의 가정을 돌보고, 자기 민족을 사랑하지만, 이웃과 타민족도 함께 사랑해야 한다. 특히 하나님의 최고 관심사는 타락한 인류를 구원하여 하나님 나라를 이루시는 일임을 어려서부터 가르쳐야 한다. 따라서 기독교인은 먼저 가정에서 부모가 자녀에게 말씀을 가르쳐 자녀를 말씀의 제자로 양육하는 '구약의 지상명령'(창 18:19; 신 6:4-9)과 수평적으로 땅 끝까지 복음을 전하라는 예수님의 지상명령(마 28:19-20)도 함께 수행해야 한다. 이것이 주님의 재림을 준비하는 길이다.

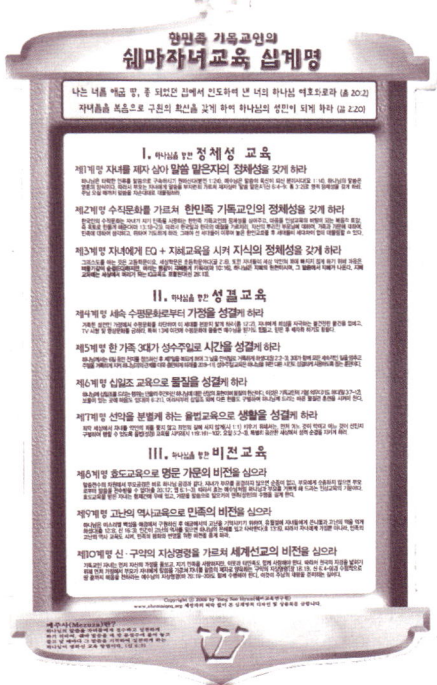

본 쉐마자녀교육 십계명은 가정과 교회에서 사용할 수 있도록 쉐마교육 용품으로 제작되어 있음으로 쉐마교육연구원에서 구입할 수 있습니다. 사진 참조

Copyright ⓒ 2006 by Yong Soo Hyun(쉐마교육연구원)
제정자의 허락 없이 본 십계명의 디자인 및 상품화를 금합니다.

참고 자료(References)

외국 자료

Banner of Truth. (2003). *진리의 깃발*(한국어판). 62호. 서울: 진리의 깃발.

Donin, Hayim Halevy. (1972). *To Be A Jew: A Guide to Jewish Observance in Contemporary Life*. USA: Basic Books.

Greenwald, Ze'ev. (2003). *Respectfully A Children's Guide to the Halachos of Honoring Parents*. New York; NY: Feldheim Publishers.

Heschel. (2007). *The Sabbath*, Farrar Straus Giroux.

Lapin, Daniel. (2002). *Thou Shall Prosper(Ten Commandments for Making Money)*. Hoboken, NJ: John Wiley & Sons, Inc.

Leri, Sonie B. & Kaplan, Sylvia R. (1978). *Guide for the Jewish Homemaker*. New York, NY: Schocken Books.

Vine, W. E. (1985). *An Expository Dictionary of Biblical Words*. Nashville: Thomas Nelson Publishers.

한글 자료

박미영. (2011). 유대인의 자녀교육. 서울: 국민일보.

현용수. (1993). 문화와 종교교육. 서울: 쿰란출판사.

_____. (2005). *IQ는 아버지 EQ는 어머니 몫이다*. 제1권. 서울: 쉐마.

_____. (2005). *IQ는 아버지 EQ는 어머니 몫이다*. 제2권. 서울: 쉐마.

_____. (2005). *IQ는 아버지 EQ는 어머니 몫이다*. 제3권. 서울: 쉐마.

_____. (2005). 부모여 자녀를 제자 삼아라. 제1권. 서울: 쉐마.

_____. (2005). 부모여 자녀를 제자 삼아라. 제2권. 서울: 쉐마.

_____. (2006). 유대인 아버지의 4차원 영재교육. 서울: 동아일보사.

_____. (2006). 한국 '어머니의 눈물'은 위대했다. 동아일보 칼럼. 2월 28일.

_____. (2007). 자녀들아 돈은 이렇게 벌고 이렇게 써라. 서울: 동아일보사.

_____. (2008). *현용수의 인성교육 노하우. 제1권*. 서울: 동아일보사.
_____. (2008). *현용수의 인성교육 노하우. 제2권*. 서울: 동아일보사.
_____. (2008). *현용수의 인성교육 노하우. 제3권*. 서울: 동아일보사.
_____. (2008). *현용수의 인성교육 노하우. 제4권*. 서울: 동아일보사.
_____. (2009). *잃어버린 구약의 지상명령 쉐마. 제1권*. 서울: 쉐마.
_____. (2009). *잃어버린 구약의 지상명령 쉐마. 제2권*. 서울: 쉐마.
_____. (2009). *잃어버린 구약의 지상명령 쉐마. 제3권*. 서울: 쉐마.
_____. (2010). *자녀들의 효도교육 이렇게 시켜라. 제1권*. 서울: 쉐마.
_____. (2010). *자녀들의 효도교육 이렇게 시켜라. 제2권*. 서울: 쉐마.
_____. (2010). *자녀들의 효도교육 이렇게 시켜라. 제3권*. 서울: 쉐마.
_____. (2011). *신앙명가 이렇게 세워라, 제1권*. 서울: 쉐마.
_____. (2011). *신앙명가 이렇게 세워라, 제2권*. 서울: 쉐마.
_____. (2011). *성경이 말하는 남과 여, 부부-성신학*. 서울: 쉐마.
_____. (2013). *성경이 말하는 어머니의 EQ교육, 제1권*. 서울: 쉐마.
_____. (2013). *성경이 말하는 어머니의 EQ교육, 제2권*. 서울: 쉐마.
_____. (2013). *가정해체로 인한 인성교육실종 대재앙을 막는 길*. 서울: 쉐마.

인터넷 자료

http://blog.daum.net/kim-home/10441084

교육 혁명이 시작되었습니다!
- 가정교육 · 교회교육 · 교회성장 위기의 대안 -

자녀교육 + 교회성장 고민하지요?

Q1: 왜 현대 교육은 점점 발달하는 데 인성은 점점 더 파괴되는가?
Q2: 왜 자녀들이 부모와 코드가 맞지 않아 갈등을 빚는가?
Q3: 왜 대학을 졸업하면 10%만 교회에 남는가? 교회학교의 90% 실패 원인은?
Q4: 왜 해외 교포 자녀들이 남은 10%라도 부모교회를 섬기지 않는가?
Q5: 왜 현대인에게 전도하기가 힘든가?

근본 대안은 유대인의 인성교육과 쉐마교육에 있습니다

- 어떻게 유대인은 위의 문제를 4,000년간 지혜롭게 해결하고 세계를 지배하고 있는가?
- 어떻게 유대인은 아브라함 때부터 현재까지 세대차이 없이 자손 대대로 말씀을 전수하는데 성공했는가?

■ 쉐마교육연구원은 무슨 일을 하나?

1. 2세 종교교육 방향제시
혼돈 속에 있는 2세 종교교육의 방향을 성경적이고 과학적인 연구에 의해 옳은 방향으로 제시해 준다.

2. 성경적 기독교교육 재정립
유대인의 자녀교육과 기존 기독교교육 자료를 중심으로 백년대계를 세울 수 있도록 한국인에 맞는 기독교교육 방법을 재정립한다.

3. 한국인에 맞는 기독교교육 자료(내용) 개발
현 한국 및 전 세계 한국인 디아스포라를 위해 한국인의 자녀교육에 맞는 기독교교육 내용을 개발한다.

4. 해외 및 기독교교육 문제 연구
시대와 각 지역 문화의 변화에 대처하기 위해 계속 연구하고 대안을 제시한다.

5. 교회교육 지도자 연수교육
각 지교회에 새로운 교회교육 지도자를 양성 보충하며 기존 지도자의 필요를 충족시켜준다.

6. 청소년 선도 교육 실시
효과적인 청소년 교육 프로그램을 개발하여 선도교육을 실시한다.

7. 효과적 성서 연구 및 보급
성경을 교육학적으로 보다 깊이 연구하고 효과적인 전달 방법을 개발하여 이를 보급한다.

8. 세계 선교 교육
본 연구원의 교육 이념과 자료가 세계 선교로 이어지게 한다.

■ '쉐마지도자클리닉'이란 무엇인가?

쉐마교육연구원은 세계 최초로 현용수 교수에 의해 설립된, 인간의 인성과 성경적 쉐마교육을 가르치는 인성교육 전문 교육기관이다. 본 연구원에서 가르치는 핵심 교육의 내용 역시 현 교수가 하나님이 주신 지혜로 계발한 것들이며, 거의 모두가 세계 최초로 소개된 인성교육의 원리와 실제를 함께 가르치는 성경적 지혜교육이다. 본 연구원은 바른 인성교육 원리와 쉐마교육신학으로 가정교육·교회교육·교회성장 위기의 대안을 제시해 준다.

쉐마교육연구원에서 주관하는 '쉐마지도자클리닉'은 전체 3학기로 구성되어 있다. 1주 집중 강의로 3차에 걸쳐 제1학기는 '유대인을 모델로 한 인성교육 노하우', 제2학기는 '유대인의 쉐마교육'이 국내에서 진행된다. 제3학기는 '유대인의 인성 및 쉐마교육 미국 Field Trip'으로 미국에서 진행되며 현용수 교수의 강의는 물론 LA에 소재한 유대인 박물관, 정통파 유대인 회당 및 안식일 가정 절기 견학 등 그들의 성경적 삶의 현장을 견학하고, 정통파 유대인 랍비의 강의, 서기관 랍비의 양피지 토라 필사 현장 체험을 한 후 현지에서 졸업식으로 마친다.

3학기를 모두 마친 이수자에게는 졸업 후 쉐마를 가르칠 수 있는 'Teacher's Certificate'를 수여하여 자신이 섬기는 곳에서 쉐마교육을 가르칠 수 있도록 도와준다.

■ 누가 참석해야 하는가?

- 기존 교육에 한계를 느끼고 자녀교육과 교회학교 문제로 고민하시는 분.
- 한국 민족의 후대 교육을 고민하며 그 대안을 간절히 찾고자 하시는 분.
- 하나님의 말씀을 자손에게 물려줄 수 있는 비밀을 알고자 하시는 분.
- 유대인의 효도교육의 비밀과 천재교육+EQ교육의 방법을 알고자 하는 분.

미국: 3446 Barry Ave. Los Angeles, California 90066 USA
쉐마교육연구원 (310) 397-0067

한국: 02) 3662-6567, Fax. (02) 2659-6567
www.shemaIQEQ.org   shemaiqeq@naver.com

IQ · EQ 박사 현용수의
유대인 자녀교육 총서

	인성교육론 시리즈	쉐마교육론 시리즈	탈무드 시리즈
1	인성교육론 + 쉐마교육론의 총론: IQ는 아버지 EQ는 어머니 몫이다 (쉐마) 전3권		탈무드 1 : 탈무드의 지혜 (원저 마빈 토카이어, 편저 현용수, 동아일보사)
2	현용수의 인성교육 노하우 1 - 인성교육이란 무엇인가 - (동아일보)	부모여, 자녀를 제자 삼아라 (쉐마) 전2권 - 유대인 자녀교육이 필요한 이유 -	탈무드 2 : 탈무드와 모세오경 (원저 마빈 토카이어, 편저 현용수, 동아일보사)
3	현용수의 인성교육 노하우 2 - 인성교육의 본질과 원리 - (동아일보)	잃어버린 구약의 지상명령 쉐마 (쉐마) 전3권 - 교육신학의 본질 -	탈무드 3 : 탈무드의 처세술 (원저 마빈 토카이어, 편저 현용수, 동아일보사)
4	현용수의 인성교육 노하우 3 - 인성교육과 EQ + 예절 교육 - (동아일보)	유대인 아버지의 4차원 영재교육 (동아일보) - 아버지 신학 -	탈무드 4 : 탈무드의 생명력 (원저 마빈 토카이어, 편저 현용수, 동아일보사)
5	현용수의 인성교육 노하우 4 - 다문화 속 인성 · 국가관 - (동아일보)	자녀들아, 돈은 이렇게 벌고 이렇게 써라 (동아일보) - 경제 신학 -	탈무드 5 : 탈무드 잠언집 (원저 마빈 토카이어, 편저 현용수, 동아일보사)
6	문화와 종교교육 (쉐마) - 박사 학위 논문을 편집한 책 -	자녀의 효도교육 이렇게 시켜라 (쉐마) 전3권 - 효 신학 -	탈무드 6 : 탈무드의 웃음 (원저 마빈 토카이어, 편저 현용수, 동아일보사)
7	IQ · EQ박사 현용수의 쉐마교육 개척기 (쉐마) - 자서전 -	신앙명가 이렇게 시켜라 (쉐마) 전2권 - 가정 신학 -	옷을 팔아 책을 사라 (원저 빅터 솔로몬, 편저 현용수, 쉐마)
8	가정해체로 인한 인성교육 실종 대재앙을 막는 길 (쉐마) - 논문 -	성경이 말하는 남과 여 한 몸의 비밀 (쉐마) - 부부 · 성 신학 -	
9		성경이 말하는 어머니의 EQ 교육 (쉐마) 전2권 - 어머니신학 -	

이런 순서로 읽으세요 (전 33권)

인성교육론 · 쉐마교육론 · 탈무드 (3가지 주제)

- 전체 유대인 자녀교육에 대한 개론을 알려면
  - 《IQ는 아버지 EQ는 어머니 몫이다》 (전3권)
- 유대인을 모델로 한 인성교육의 원리를 이해하려면
  - 《현용수의 인성교육 노하우》 (전4권)
- 인성교육론이 나오게 된 학문적 배경을 이해하려면
  - 《문화와 종교교육》 (현용수의 박사 학위 논문)
  - 《IQ · EQ박사 현용수의 쉐마교육 개척기》 (현용수 박사의 자서전)
- 왜 기독교교육에 유대인의 선민교육이 필요한지를 알려면
  - 《부모여 자녀를 제자 삼아라》 (전2권)
- 쉐마교육론(교육신학)의 성경의 기본 목적을 알려면
  - 《잃어버린 구약의 지상명령 쉐마》 (전3권)
    (쉐마와 자녀신학이 포함되어 있음)
- 가정 해체와 인성교육과의 관계를 알려면
  - 《가정 해체로 인한 인성교육 실종 대재앙을 막는 길》

쉐마교육론을 더 깊이 연구하려면 다음 책들을 읽으세요

- 아버지 신학
  - 《유대인 아버지의 4차원 영재교육》
- 경제 신학
  - 《자녀들아, 돈은 이렇게 벌고 이렇게 써라》
- 효 신학
  - 《자녀의 효도교육 이렇게 시켜라》 (전3권)
- 가정 신학
  - 《신앙명가 이렇게 세워라》 (전2권)
- 부부 · 성 신학
  - 《성경이 말하는 남과 여 한 몸의 비밀》
- 어머니 신학
  - 《성경이 말하는 어머니의 EQ 교육》 (전2권)

앞으로 더 많은 교육 교재가 발간될 예정입니다. 계속 기도해 주세요.